HERANÇAS INVISÍVEIS
DO ABANDONO AFETIVO

Blucher

HERANÇAS INVISÍVEIS DO ABANDONO AFETIVO

*Um estudo psicanalítico sobre
as dimensões da experiência traumática*

Daniel Schor

Heranças invisíveis do abandono afetivo: um estudo psicanalítico sobre as dimensões da experiência traumática
© 2017 Daniel Schor
Editora Edgard Blücher Ltda.
2ª reimpressão - 2020

Imagem da capa: iStockPhoto

Blucher

Rua Pedroso Alvarenga, 1245, 4º andar
04531-934 – São Paulo – SP – Brasil
Tel.: 55 11 3078-5366
contato@blucher.com.br
www.blucher.com.br

Segundo o Novo Acordo Ortográfico, conforme 5. ed. do Vocabulário Ortográfico da Língua Portuguesa, Academia Brasileira de Letras, março de 2009.

É proibida a reprodução total ou parcial por quaisquer meios sem autorização escrita da editora.

Todos os direitos reservados pela Editora Edgard Blücher Ltda.

DADOS INTERNACIONAIS DE CATALOGAÇÃO NA PUBLICAÇÃO (CIP)
Angélica Ilacqua CRB-8/7057

Schor, Daniel
  Heranças invisíveis do abandono afetivo : um estudo psicanalítico sobre as dimensões da experiência traumática/ Daniel Schor. – São Paulo : Blucher, 2017.
  216 p. (Série Psicanálise Contemporânea / Flávio Ferraz, coord.)

  Bibliografia
  ISBN 978-85-212-1170-9

  1. Psicologia 2. Distúrbios afetivos 3. Trauma psíquico 4. Desamparo (Psicologia) I. Título.

17-0065   CDD 150

  Índices para catálogo sistemático:
  1. Psicanálise

"Se o campo não adoece da enfermidade do paciente, tudo aquilo do qual o campo não adoece não pode ser curado..."

Antonino Ferro, 2000

Agradecimentos

Primeiramente, a Luís Cláudio Figueiredo, um dos grandes responsáveis em minha história pela restituição do meu direito de pensar.

Aos professores Nelson Coelho e Daniel Delouya, pela contribuição valiosa para a realização deste trabalho.

A Tales Ab'Saber, cuja honestidade e empenho no exercício da psicanálise garantiu que, em momentos de grande dificuldade, eu preservasse minha crença na potência terapêutica da ciência e da arte psicanalíticas.

A Alexandre Maduenho, amigo de tantos anos, por ter segurado minha mão com firmeza na expedição ao mesmo tempo assustadora e fascinante aos pântanos da clínica.

À CAPES, pelo apoio financeiro à pesquisa de doutorado da qual deriva o presente trabalho.

A Ligia Goes Endo, por ter enchido "minha alma daquilo que outrora eu deixei de acreditar" (Fernando Anitelli).

Finalmente, a meus pacientes, fonte e destino de tudo o que aqui se cria.

Prefácio: a clínica psicanalítica viva e a pesquisa acadêmica

O trabalho apresentado por Daniel Schor na Universidade de São Paulo para obter seu título de doutor, diante de uma banca de arguidores formada por psicanalistas com uma forte implicação com a prática clínica e uma dedicação igualmente profunda com a pesquisa e a publicação, desfaz qualquer dúvida que pudesse subsistir: é perfeitamente possível aliar a psicanálise viva em nossos consultórios e o rigor que se exige de uma pesquisa acadêmica. Este "estudo psicanalítico sobre as dimensões da experiência traumática" vai ao cerne de uma das questões mais importantes entre as que emergem atualmente na prática da psicanálise, e do que, em consequência, mobiliza nossos mais fecundos pensadores.

Daniel tomou como ponto de partida e objeto de suas questões e elaborações algo que lhe surgia de suas atividades como psicanalista e que se impôs à sua atenção, reclamando um complexo e extenso esforço de investigação: o que se passa com certos pacientes difíceis, pessoas que se mostram vivazes e interessantes, mas que carregam um sofrimento mortal em suas almas, cicatrizes mal fechadas de experiências traumáticas de abuso e de abandono afetivo? Indivíduos que se mostram quase intratáveis, de difícil acesso, refratários aos esforços terapêuticos de compreensão e transformação, mas, paradoxalmente, sempre dispostos a nos entreter e distrair. Como compreendê-los em termos metapsicológicos e psicopatológicos? Como empreender estes tratamentos? Que perspectivas clínicas eles nos abrem e requerem, seja na instalação dos enquadres, seja nas técnicas, manejos e interpretações?

A resposta a essa gama de interrogações obriga o autor a uma ampla exploração da clínica e das teorias da psicanálise, incluindo, principalmente, quatro autores fundamentais: Sándor Ferenczi, Donald Winnicott, André Green e René Roussillon, aos quais somam-se diversos outros, antigos e contemporâneos, nacionais e estrangeiros.

Em consequência de um trabalho meticuloso de leitura e de articulação teórica (artes em que Daniel é exímio e que ele vem exercitando desde sua graduação em Psicologia), e, mais ainda, em virtude da atenção sustentada aos sofrimentos destes pacientes – alguns dos quais proporcionaram a Daniel a matéria prima para os casos construídos de "Bernardo", "João" e "Ian" – o autor compõe uma montagem teórico-clínica complexa, engenhosa e sutil. Na confecção de sua tese, entrelaçam-se de forma inteligente e delicada – para não falar da erudição na cultura psicanalítica atual de que Daniel nos dá mostra – observações clínicas e uma rede conceitual extensa e intrincada.

Para mim, a apresentação deste trabalho em forma de livro tem um sabor especial. Acompanhando Daniel Schor desde os tempos da graduação, atravessando os anos do mestrado, concluo, também na condição de orientador, seu percurso de doutoramento.

Fui testemunha muito próxima de seu crescimento intelectual e de seu amadurecimento pessoal e profissional.

Esta foi também a minha última orientação no Instituto de Psicologia da USP, do qual me aposentei em 2015. Confesso que não poderia desejar nada de melhor qualidade para marcar este momento de despedida.

Espero que os leitores possam se beneficiar com este livro e, especialmente, que mestrandos e doutorandos em nossa área possam tomá-lo como referência e modelo, se seus propósitos de pesquisa forem o de fazer com que a investigação e a produção acadêmica enriqueçam a vida da clínica psicanalítica.

Luís Claudio Figueiredo
São Paulo, julho de 2016

Conteúdo

Introdução	15
1. Bernardo e a esperança de "se juntar"	39
2. O efeito "des-historicizante" do trauma: o sujeito fora do tempo	53
3. João, o herói abandonado	87
4. O efeito autoalienante do trauma: o sujeito fora de si	95
5. Ian, o sujinho sedutor	121
6. O efeito autointoxicante do trauma: o "Eu ruim"	133
7. Perspectivas para o trabalho com pacientes traumatizados: as condições do processo de simbolização	155
Epílogo	199
Referências	209

Nas citações, optamos por manter a data de publicação da primeira edição dos livros. A data de publicação da edição consultada está nas referências. [N.E.]

Introdução

As primeiras sementes deste trabalho surgiram num momento ainda inicial de nossa atividade clínica. Àquela época, esta já se via marcada, de modo recorrente, pelo encontro com pacientes dotados de uma graça e um colorido peculiares, muito compatíveis com o "tipo de criança particularmente adorável", descrito por Winnicott em *A reparação relativa à defesa organizada da mãe contra a depressão*, cujo ponto central, diz ele, é "sua vivacidade, que instantaneamente contagia quem está com ela, fazendo com que nos sintamos mais leves" (1948, p. 92, tradução nossa). Essa leveza, contudo, parecia proporcional ao quanto tais pacientes se mostravam, em geral, refratários às nossas intervenções, fato que, rapidamente, passou a demandar intensa reflexão ancorada em estudos e supervisão.

Deste contexto, parti em busca de textos e autores que, além de Winnicott, cujo pensamento já se mostrava indissociável de minha identidade clínica, me ajudassem a compreender o que estava acontecendo. Aportei, então, em (ou fui capturado por) dois outros gigantes da história da psicanálise: Sandor Ferenczi e André Green.

Adentrando o universo do primeiro, logo fui remetido, com meu suspeito "bem-estar", ao esforço realizado pela criança mal acolhida (FERENCZI, 1929) em reavivar o objeto fonte de sua vitalidade, tentativa de restituir ao cuidador o humor que lhe falta, através de manifestações artificiais de alegria e leveza. Já o severo professor Green fez-me um contundente alerta ao esclarecer na parte introdutória de A mãe morta:

> *as razões que levam os analisandos de quem vou falar a empreenderem uma análise não apresentam durante as entrevistas preliminares, em absoluto, os traços característicos da depressão. Em contrapartida, percebe-se de início a natureza narcisista dos conflitos invocados, relacionados com a neurose de caráter, e de suas consequências na vida amorosa e na atividade profissional* (1980, p. 240, grifo nosso).

A partir daí, não só comecei a encontrar um caminho para o trabalho com tais pacientes, como a aprofundar a ideia de um estudo clínico relacionado às dinâmicas subjetivas que me produziam particular interesse. Passei a localizar, no avesso de reações contratransferenciais em que me sentia por vezes muito seduzido, os apelos de pacientes assolados pelo pavor de se revelarem verdadeiramente incapazes de despertar em alguém um interesse genuíno por eles.

Fui lançado, então, ao cerne de uma problemática que vinha sendo discutida por diversos analistas nos termos da chamada "clínica do vazio" ou "clínica do negativo" (GREEN, 1980). Em seu texto seminal de 1980, Green atribui a clínica do vazio a um "desinvestimento massivo, radical e temporário que deixa marcas no inconsciente sob a forma de 'buracos psíquicos'" (1980,

p. 244). Segundo o autor, tais buracos correspondem a imagos formadas no psiquismo em consequência de uma depressão materna ocorrida durante a plena vigência da dependência infantil. Uma tal situação, diz ele, transforma brutalmente o objeto amoroso da criança em figura atônita, quase inanimada. A partir daí, a criança empreenderá imensos e vãos esforços no intuito de revitalizar seu objeto cuidador, esforço esse cujo fracasso deixará marcas profundas no narcisismo do sujeito.

Uma conjuntura muito próxima a essa é descrita por Winnicott no artigo supracitado, quando este nos fala a respeito de "um certo tipo de criança", particularmente adorável, e muitas vezes com talentos acima da média. A mãe, no entanto, traz a criança à consulta com o médico "porque em casa ela é irritadiça, mal humorada, por vezes desafiadora ou fortemente deprimida" (1948, p. 92, tradução nossa). Winnicott afirma que, ao nos depararmos com tais crianças, vivazes e adoráveis, estamos, na verdade, diante de tentativas de reparação que não se referem à culpa pessoal da criança, mas à *identificação desta com a mãe*, na qual se evidencia a defesa da última contra sua depressão e sentimento de culpa inconsciente. A exemplo dos pacientes de nossa experiência, estas crianças demonstravam grande dificuldade em indicar a natureza de seu incômodo, manifestando apenas um sentimento de que algo estava errado.

Investigações como essa trouxeram à psicanálise a clareza de que esse "algo" não estava inteiramente localizado no interior do universo subjetivo da criança. Winnicott relata o caso emblemático de um garotinho que o procura nos corredores do hospital dizendo: "Por favor, doutor, minha mãe está sentindo uma dor na minha barriga" (WINNICOTT, 1948, p. 92, tradução nossa). Tais manifestações chamam nossa atenção para a possibilidade de que, em certos casos, as atividades reparatórias da criança se deem numa espécie de região intermediária, não se referindo a uma culpa que possa ser considerada simplesmente pessoal. Os garotinhos ou garotinhas adoráveis a que Winnicott se refere estariam, com sua vivacidade e seu colorido, respondendo à necessidade de ajuda do adulto para enfrentar a escuridão de seu próprio mundo interno.

A forma de contato com o mundo que se traduz nessa postura aparentemente fresca e alegre tenderá, porém, a ser assumida pelo sujeito e a se cristalizar em sua personalidade ao longo do desenvolvimento. Se o auxílio não vem a tempo, um momento chega em que esmorece a chama de esperança que fez com que o interessante garotinho corresse a pedir o socorro de Winnicott no hospital e, em lugar de pedir ajuda, o sujeito crê na mentira que criou. "Fiz de mim o que não soube, e o que podia fazer de mim não o fiz. O dominó que vesti era errado. Conheceram-me logo por quem não era e não desmenti, perdi-me. Quando quis tirar a máscara, estava pegada à Cara", diz Fernando Pessoa (1928).

Muito mais tarde, no entanto, e com esse quadro já bastante sedimentado, tais sujeitos poderão nos procurar em nossos consultórios ou serviços de saúde, com a perplexidade de quem afirma não estar entendendo nada. Eis aí, grosso modo, o sentido das manifestações clínicas discutidas por Green em seu texto, nas quais o insucesso da vida profissional e amorosa parecem sem razão, como que efeito de uma maldição, ideia que esconde a verdade passada do desinvestimento do objeto materno e da identificação inconsciente com a mãe morta.

Deve-se considerar, nesse sentido, o fato de que a ausência de complemento libidinal materno exigiu de tais sujeitos o desenvolvimento de uma certa independência, "custe o que custar", a qual, por uma grave falha do trabalho de identificação da mãe com as necessidades infantis, foi por esta tomada de bom grado: "tanto melhor, ele(a) já sabe se desembaraçar sozinho(a), sem necessidade de ninguém". A partir daí, está instalada a tragédia psíquica que acompanhará o sujeito ao longo de sua vida, o, por assim dizer, "mal-entendido fundamental" que, em maior ou menor grau, destruiu sua esperança em se comunicar.

A relação de objeto, que se tornou impossível, regride, por isso, a uma relação narcísica. Para Green, isso ocorre como transformação psíquica que reage à retirada súbita e brutal do investimento afetivo da mãe sobre seu filho, a qual é vivida por ele como uma catástrofe de proporções incalculáveis.

Recorrendo, então, mais detidamente, àquele que foi pioneiro no estudo psicanalítico das catástrofes psíquicas, pudemos reconhecer como um dos núcleos ordenadores de teoria ferencziana do trauma a ideia de que "*a personalidade ainda fracamente desenvolvida reage ao brusco desprazer, não pela defesa, mas pela identificação ansiosa e a introjeção daquele que a ameaça e agride*" (FERENCZI, 1933, p. 118, grifo no original).

É fundamental, entretanto, observar que a ameaça e a agressão mencionadas podem se dar tanto por meio de uma conduta ativa quanto passiva de seu agente, isto é, pela prática concreta do abuso sobre o qual se nega qualquer responsabilidade, como discutido por Ferenczi, ou pela via de um desinvestimento abrupto e maciço, como tratado por Green. Seja por efeito de uma hiper ou de uma hipoestimulação por parte do meio, fato é que, em ambos os casos, a criança é levada a vivenciar uma situação de desamparo intolerável, diante da qual a única saída passa a ser a regressão a uma passividade pré-traumatica, bestificada: um *transe* (FERENCZI, 1933) que busca tornar o choque inexistente.

Nos termos de Ferenczi, crianças que foram hóspedes não bem--vindos na família (FERENCZI, 1929) irão engendrar processos de clivagem da personalidade em uma parte sensível, porém dilacerada, e uma outra que tudo sabe, mas nada sente. Tratar-se-ia, segundo o autor, de um processo de recalcamento primário a partir do qual a inteligência da "criança esquecida" destaca-se do ego, passando a funcionar como uma pessoa à parte encarregada de levar socorro a alguém quase mortalmente ferido.

> *Tudo se passa verdadeiramente como se, sob pressão de um perigo iminente[1], um fragmento de nós mesmos se cindisse sob a forma de instância auto-perceptiva que quer acudir em ajuda, e isso, talvez, desde os primeiros anos da infância* (FERENCZI, 1931, p. 89).

Pode-se considerar, a partir dos processos de identificação discutidos pelo autor, e em clara conformidade com as ideias de Winnicott, que a criança acudida corresponde, no psiquismo do sujeito, tanto a ela mesma quanto a seus pais. Por essa razão, é comum identificar em tais sujeitos uma atitude bastante prestimosa para com as outras pessoas de modo geral (FERENCZI, 1931).

Ante o risco da *perda de sentido* produzido pela tragédia do desinvestimento amoroso materno, está aberto o caminho à construção de uma série de mitologias autorreferentes, encampadas no universo da onipotência primária, pelas quais o sujeito atribui a si as causas do terremoto. Green expõe, a esse respeito, um interessante ponto de vista:

---

[1] Não podemos nos esquecer de que, da perspectiva da dependência infantil, o desinvestimento afetivo dos pais pode significar, além de uma catástrofe psíquica, um risco iminente de morte.

> *Mesmo imaginando a inversão da situação pelo sujeito que se atribui, numa megalomania negativa, a responsabilidade da mutação,* há uma distância impreenchível entre a falta que o sujeito se recriminaria ter cometido e a intensidade da reação materna. *No máximo, ele poderia pensar que essa falta está ligada à sua maneira de ser mais do que a algum desejo interdito; de fato, lhe é interdito ser* (1980, p. 250, grifo nosso).

Nesse excerto primoroso, Green faz com que localizemos precisamente nessa "distância impreenchível" a fonte do enigma que, em tais circunstâncias, acaba por ser lançado sobre o frágil aparelho mental infantil. A busca inicial pelo sentido do distanciamento afetivo da mãe se dá agora na direção oposta e captura, na própria medida de sua insuficiência, *todo* o sujeito – "No máximo, ele poderia pensar que essa falta está ligada à sua maneira de ser...". Está aí expressa, em nível mais profundo, a maneira pela qual se opera a identificação *por completo* discutida por Ferenczi.

A ideia de Green de uma "distância impreenchível" parece-nos crucial para o entendimento da problemática clínica que nos propomos a investigar, uma vez que a enorme desproporção entre a reação do ambiente e a intensidade da maldade/violência de que, em sua fantasia, o sujeito se crê autor, impede que este crie para si uma *teoria do trauma* (ROUSSILLON, 2006) minimamente coerente, localizando nesta o *sentido* de seu sofrimento.

Neste ponto, justamente, deparamo-nos com as ideias de um autor que, pelo percurso por nós realizado, veio a se colocar como quarto alicerce de entendimento do tema que abordamos: René Roussillon. Numa colocação que demonstra afinidade com o ponto de vista de Green, embora sustentada pelos referenciais winnicottiano e laplancheano, afirma o psicanalista:

> *a distância entre o "encontrado" e o "criado" testemunha a presença, no "seio", de um* significante enigmático que potencialmente refere-se à sexualidade materna ou pré-inscreve o traço de sua futura questão. *Se essa distância não exceder as capacidades adaptativas da criança, isto é, se ela conseguir harmonizar suficientemente seio encontrado e seio criado por um certo trabalho psíquico, então o enigma do qual o seio é portador aparece como um estimulante para sua futura atividade psíquica. Ao contrário, se essa distância exceder sua capacidade de ligação, então o enigma toma a forma do caos ou a do destino ao qual se deve inelutavelmente submeter-se* (ROUSSILLON, 2006, p. 238, grifo nosso).

Por efeito desse excedente da capacidade de integração da experiência infantil, ocorrerá a estruturação de uma personalidade capaz de manter profundamente soterrada a dimensão traumática da etiologia de seu mal-estar, verdade enigmática de sua origem, através de um deslocamento sofisticado pelo qual o sujeito reconhecerá sua verdade existencial como sendo a de um "destino inelutável e insuperável" (ROUSSILLON, 2006, p. 214). A problemática dos traumatismos que fracassam em se fazer reconhecer como tais, diretamente ligada aos estudos de Green sobre as manifestações clínicas do "complexo da mãe morta", corresponde ao que, no trabalho de Roussillon, tem sido definido em termos de "traumatismos perdidos", os quais "não deixaram traços psíquicos, não são reconhecíveis pelo paciente, embora este sofra ainda seus efeitos induzidos" (ROUSSILLON, 2006, p. 213).

Para ilustrar seu ponto de vista sobre o assunto, Roussillon nos oferece uma pequena história que encena os três tempos possíveis do trauma.

Um homem passa num jardim ao lado de uma estátua que o vento, de repente, derruba em cima dele. Trata-se de um acidente, um acontecimento que pode, em uma vida, tornar-se um *drama*, mas é datável, localizável, circunscrito. Seu caráter potencialmente traumático permanece ligado a uma realidade objetivável e, nessa medida, indiferente (exterior) ao sujeito.

O homem tenta sair de sua posição difícil e dolorosa debaixo da estátua e percebe o rosto daquela, que parece refletir uma figura enigmática de seu próprio rosto. Ele se vê assim confrontado à questão de seu destino, e a situação torna-se *trágica*. O acidental adquire então valor de enigma, e a realidade não é mais indiferente a ele, pois reflete uma imagem diante da qual sua identidade se debate. "Por que isto precisava acontecer comigo"? – pergunta. A partir daí uma teoria simples do traumatismo não é mais organizável, o enigma está no encontro, a tópica interna desarranjou-se e se faz ouvir a questão da relação do narcisismo com o objeto.

No terceiro momento, o homem cessa de se debater, a estátua o esmaga e cola-se a ele, pele a pele, os rostos confundem-se e se misturam. No máximo, percebe-se, de vez em quando, o movimento de apelo de uma mão que se estende. Estamos aí, segundo Roussillon, no registro do *patético*: o homem se vê às voltas com o que se dá a ele como destino, permanecendo imobilizado, impotente. Diz o autor:

> *Não há mais lugar aqui para um enigma verdadeiro, nem mesmo para uma questão* que a realidade já respondeu em excesso – *estava escrito* –; *o sujeito é afetado em/por um destino que se confunde com ele, [...] a deformação é permanente [...], nenhuma "teoria" traumática pode ser organizada, o trauma perdeu-se no caminho, e*

com ele a questão da causalidade, do objeto. Somente o movimento furtivo da mão testemunha que talvez nem tudo esteja irremediavelmente decidido, mas não é certo que o próprio sujeito se veja ou se sinta fazendo um apelo (2006, p. 218, grifo nosso).

A ideia de um infeliz destino ocorre, em grande medida, em consequência do que ao sujeito não foi permitido pôr em questão acerca dos enigmas familiares – que contém os inconfessáveis da transmissão psíquica familiar. A noção de destino se apoia, justamente, e de modo reflexo, na ideia de algo que se refere única e exclusivamente a si. O caráter impenetrável do enigma familiar se mostra, por isso, como uma das fontes da questão clínica do traumatismo perdido.

Como se vê, a condição subjetiva localizada nesse registro representa a impossibilidade plena de significação do trauma. Nesse caso, este não se faz localizável como parte de uma história de vida que o contém. Podemos dizer que subjetividades posicionadas nesse registro ontológico não existem a partir de sua história, mas, em vez disso, são violentamente atravessadas por ela.

No esmagamento do sujeito pela estátua (destino/ambiente duro e inflexível), o valor de seu gesto é aniquilado pelo peso daquela que, fazendo-o impotente, mistura, homogeneíza o sentido da queda trágica ao sentido mesmo de sua origem, seu nascimento. A partir daí, a queda perde o caráter de um *acontecimento* trágico que interrompe o fluxo de uma vida minimamente autônoma: ela se torna, ao contrário, a *revelação* da condição ou natureza com que, por ordem de Deus ou do diabo, o sujeito "veio ao mundo".

Como podemos compreender a partir de Ferenczi, para o sujeito a quem não foi dada a possibilidade de duvidar só restam certezas, as quais terão, obrigatoriamente, de se referir a ele mesmo, já que sua intuição primordial de que havia algo errado com os pais e com a família foi ceifada: "É impressão sua. Não há nada errado, você está vendo coisas onde não têm. Evidentemente, o problema é com você", diz o adulto, e à criança não resta alternativa senão crer em tal mentira e formar sua personalidade a partir dela. Por essa via, a curiosidade saudável, não acolhida, volta-se contra o sujeito (como a estátua), convertendo-se em certeza patológica e mortífera.

Ao se inscreverem na indiferenciação subjetiva primordial, característica do narcisismo primário, tais experiências deixarão na criança, como poderemos reconhecer claramente no campo transferencial, um núcleo de culpabilidade primária. Afinal, ela "fracassou" em criar para si mesma um mundo acolhedor e satisfatório.

Pode-se chamar *perplexidade* a esse estado de desarticulação do sentido de si mesmo e da própria existência. Nessa condição, o sujeito não consegue se localizar em meio às intensidades de seus próprios afetos. Aliás, um elemento central do tema de que tratamos é, justamente, sua dimensão pulsional. Observe-se que, quando Green fala da distância entre a falta supostamente cometida pelo sujeito e a reação materna, trata-se, fundamentalmente, de uma diferença entre *intensidades*. Tal desproporção configura um aspecto essencial do que impede o estabelecimento das ligações necessárias para "dar forma, sequência e inteligibilidade aos acontecimentos" (FIGUEIREDO, 2009, p. 134).

Há certamente, como indicamos, uma congruência fundamental entre as formulações de Green a respeito da melancolia branca, com seu vazio e suas deformidades em negativo, e as concepções de René Roussillon acerca do traumatismo perdido. Com Winnicott, no entanto, poderíamos traduzir a ideia dos traumatismos que não puderam se fazer reconhecer como tais em termos de reminiscências do que não pode ser experimentado. Nessa trilha, Roussillon entende que o trauma paradoxal das experiências que não puderam ser experimentadas – pois o bebê ainda não estava lá para fazer disto uma verdadeira experiência, não havia bebê suficiente, diria Winnicott – nos leva a abandonar a busca por um fragmento de história capaz de adquirir valor causal. Nesses casos, teríamos de caminhar na direção de sofrimentos sem causa conhecível, atribuíveis, por isso mesmo, na teoria passível de ser formulada pelo sujeito, a um "mau destino", um "Eu ruim", ou a uma natureza humana "em si". Justamente pelo efeito de "des-historicização" produzido pelo trauma, sua forma existencial, diz Roussillon, é a de um destino inelutável e insuperável (uma maldição, diria Green).

***

Pode-se definir, então, a partir do exposto, o domínio em que nosso estudo estará compreendido como sendo o das *repercussões subjetivas das situações de abandono afetivo radical ou precoce*. Estaremos, por isso, voltados para a análise de processos traumáticos que se constituíram como impeditivos da possibilidade de o sujeito organizar para si uma teoria do trauma (ROUSSILLON, 2006) capaz de situá-lo perante as falhas de seu ambiente. Em tais circunstâncias, fica impossibilitado o reconhecimento da violência por ele praticada como algo que lesa, a partir do exterior, uma unidade subjetiva suficientemente constituída. Reconheceremos, desde então, a formação de subjetividades incapazes de se posicionar e de posicionar suas próprias histórias *em contraste* com a história do ambiente. Diferentes formas e graus dessa paralisia subjetiva serão atualizados durante a situação analítica. De todo modo, estaremos sempre, nesse campo, diante de personalidades que tiveram de "se virar" por não terem podido contar senão consigo próprias para sobreviver à catástrofe emocional.

Entretanto, para que fiquem mais claros os efeitos de uma tal conjuntura sobre a organização psíquica, e para que possamos destacar com clareza os objetivos de nossa investigação em meio à problemática apresentada, temos de recorrer, ainda, a uma distinção de fundamental importância em termos metapsicológicos.

Em um interessante artigo dedicado à discussão das contribuições ferenczianas para a teoria dos sonhos, Canesin Dal Molin (2012) nos conta que, em 1931, numa correspondência a seu mentor e analista, Ferenczi expunha o assunto de uma conferência que pretendia proferir no 12º Congresso Internacional de Psicanálise, a qual, no entanto, só viria a ser apresentada postumamente, um ano depois de sua morte. Esta tinha por título, até então, *Os sonhos têm uma segunda função?* e, ao resumi-la na carta enviada a Freud em 31/05/1931, o autor declarava sua crença – apoiada em experiências com relaxamento profundo durante as análises, bem como pela análise dos sonhos – de que as experiências traumáticas tendem à repetição, e de que

> *o estado de sono e o sonho procuram aliviar o sistema psíquico também pela reexperimentação de resíduos traumáticos do dia e da vida, assim revelando algo sobre a natureza traumático-neurótica dos processos do sonho* (BRABANT; FALZEDER, 2000, p. 412 apud CANESIN DAL MOLIN, 2012, p. 1176).

A resposta de Freud a tal correspondência é categórica ao reconhecer que "A denominada segunda função dos sonhos é certamente a sua primeira" (BRABANT; FALZEDER, 2000, p. 413 apud CANESIN DAL MOLIN, 2012, p. 1176), tendo em vista o que por ele já havia sido indicado em *Além do princípio do prazer*. Ferenczi, contudo, ressalta, na sequência do diálogo:

> *É claro que sei muito bem que a função do sonho que foi enfatizada por mim é a mesma que você descreveu e explicou em "Além do Princípio do Prazer" como sendo característica dos sonhos dos traumatizados. Mas minha experiência me pressiona a enfatizar esse ponto de vista com mais força do que no caso de sua "Interpretação dos Sonhos". Em outras palavras: eu gostaria de generalizar de alguma forma o ponto de vista do domínio do trauma no sono e no sonho* (BRABANT; FALZEDER, 2000, p. 414 apud CANESIN DAL MOLIN, 2012, p. 1176).

De nosso ponto de vista, o que Ferenczi parece pretender indicar com tal comunicação é, em última análise, o fato de que

> *da mesma forma que o mecanismo da repressão pode ser depreendido e universalizado como uma realidade psíquica através da experiência com neuróticos, outros mecanismos poderiam ser considerados como tal através da experiência com psicóticos e vítimas de traumas* (CANESIN DAL MOLIN, 2012, p. 1176).

Contudo, convém nos ater mais um instante ao tema das correspondências. Diante delas, uma questão imediatamente nos ocorre. Diz Freud, "a denominada segunda função dos sonhos é certamente a sua primeira"! Bem, mas não seriam os sonhos "realizações de desejos"? Diante desta questão, a resposta que nos pareceria mais correta seria: "sim, até a escrita do texto seminal de 1920, a que Freud se refere em sua carta a Ferenczi". Ali, o autor declara:

> *os supramencionados sonhos dos neuróticos traumáticos já não se incluem na perspectiva da realização de desejo, nem os sonhos, ocorrentes nas psicanálises, que nos trazem à memória os traumas psíquicos da infância. Eles obedecem antes à compulsão de repetição, que na análise, de fato, é favorecida pelo desejo (encorajado pela "sugestão") de evocar o que foi esquecido e reprimido. Assim, também a função do sonho, de eliminar motivos para a interrupção do sono por meio da realização de desejos, não seria sua função original; ele a teria assumido apenas depois que toda a vida psíquica aceitou o domínio do princípio do prazer. Se existe um "além do princípio do prazer", é coerente admitir que também houve uma época anterior à tendência dos sonhos de realizar desejos. Com isso não é contrariada sua função posterior. Mas surge, uma vez rompida essa tendência, uma outra questão: tais sonhos que obedecem à compulsão, à repetição, no interesse do ligamento psíquico de impressões traumáticas, não serão possíveis também fora da análise? A resposta é certamente afirmativa* (FREUD, 1920, p. 196-197, grifo nosso).

Assim, os sonhos não são realizações de desejo "e ponto". Além disso, Freud admite, também, que embora haja uma tendência dos sonhos de realizar desejos, o psiquismo responde, antes dela, a uma função mais primitiva, que lhe é peculiar, e que se encontra à vista nos sonhos das neuroses traumáticas. E que função seria essa? Conforme aponta Canesin, a resposta a essa pergunta fora dada pelo autor no mesmo texto, algumas páginas antes do trecho acima citado:

> Um evento como o trauma externo vai gerar uma enorme perturbação no gerenciamento de energia do organismo e pôr em movimento todos os meios de defesa. Mas o princípio do prazer é inicialmente posto fora de ação. Já não se pode evitar que o aparelho psíquico seja inundado por grandes quantidades de estímulo; surge, isto sim, outra tarefa, a de controlar o estímulo, de ligar psicologicamente as quantidades de estímulo que irromperam, para conduzi-las à eliminação (FREUD, 1920, p. 192, grifo nosso).

Antes da realização do desejo, a primeira urgência do Eu será sempre, portanto, a de dominar os estímulos, ligando suas quantidades de modo a impedir que inundem o aparelho psíquico e causem o desajuste de sua estrutura.

Ora, as situações subjetivas que nos propomos a discutir no presente trabalho dizem respeito, precisamente, a este primeiro caso, em que o princípio do prazer não desempenha senão um papel secundário. Se nosso olhar aponta para os efeitos subjetivos de falhas essenciais e precoces nos processos de cuidado, nos referindo, aqui, a sistemas psíquicos primordialmente ocupados com o cumprimento de tarefas muito anteriores à satisfação do desejo, relacionadas, antes de tudo, às *condições de sua própria sobrevivência*. Estas se traduzem pela necessidade de reajustar o aparelho mental após a incidência de traumas que produziram um rompimento de suas ligações mais fundamentais.

Com isso, trazemos à tona, novamente, a questão dos modos como o psiquismo poderá se comportar quando tais estímulos chegarem a extrapolar sua capacidade de produzir ligações, isto é, metabolizar as quantidades, preservando a organização de seu sistema.

E, conforme temos indicado, eis uma demanda que, em nossa visão, torna imprescindível o recurso ao pensamento de Ferenczi.

Como vimos, para o contemporâneo e discípulo de Freud, os restos diurnos não são utilizados e transformados no sonho somente pela função de realização de desejos. Para ele, os resíduos do dia a dia como um todo que aparecem nos sonhos são sintomas repetitivos de situações que não foram suficientemente dominadas, metabolizadas pelo aparelho psíquico. Por isso, afirma que "a tendência à repetição realiza em si mesma uma função útil nas neuroses traumáticas; *ela esforça-se em trazer uma melhor (e se possível final) solução do que foi possível no tempo do choque original*" destacando ainda que "essa tendência deve ser presumida mesmo onde não resulta em solução, leia-se, onde a repetição não leva a um resultado melhor que o trauma original" (FERENCZI, 1931, p. 238 apud CANESIN DAL MOLIN, 2012, p. 1181, grifo nosso).

Tal perspectiva está em plena consonância com as formulações freudianas de *Além do princípio do prazer*. Ali, Freud afirma que a criança repete vivências desprazerosas "porque sua atividade lhe permite lidar com a forte impressão de maneira mais completa do que se apenas a sofresse passivamente", e acrescenta: "cada nova repetição parece melhorar o controle que ela busca ter sobre a impressão" (1920, p. 200).

Pode-se depreender, assim, do que ambos escrevem, que o que se procura pela repetição é uma "'melhor solução' para a experiência que foi sofrida passivamente no momento do trauma" (CANESIN DAL MOLIN, 2012, p. 1181).

Cremos que, por essa perspectiva, a repetição nada mais atesta do que a tendência do Eu de reorganizar e reintegrar aquilo que de si ficou perdido, desajustado, fora de lugar ou inconcluso. Se o princípio do prazer é indicado por Freud como uma tendência que opera a serviço da manutenção da excitação no interior do aparelho psíquico dentro de níveis adequados, esta, por sua vez, ocorre justamente na tentativa de garantir a integridade de sua organização.

Acreditamos que se a procura incessante de uma melhor solução permanece um princípio válido a despeito da reexperimentação de situações desagradáveis, isto se dá basicamente em razão daquela que poderíamos chamar de primeira lei do funcionamento psíquico, a mais essencial de suas tendências, a que, nos termos de Freud, se apresenta enquanto uma *atividade sintética do Eu* e, nos de Ferenczi, como uma incansável *tendência à unificação da vida mental* (CANESIN DAL MOLIN, 2012). Entendemos, desse modo, que o que aí se põe em questão é o que, em nossas próprias palavras, poderíamos definir como a *insistência incoercível do Eu de integrar a própria experiência dentro de um todo completo, coeso e familiar a si mesmo*.

Como é tantas vezes reiterado por Ferenczi, isto deve ser admitido mesmo nos casos em que o resultado da repetição – ou seja, da insistência integradora do Eu – não é melhor que o anterior, isto é, mesmo quando a tentativa de lidar com os resíduos traumáticos traz novamente uma vivência desprazeroza. Pensamos ser nesse sentido que Pires (2007) afirma que

> na doença assiste-se à busca daquilo que faz falta, daquilo que se faz necessário, busca, contudo, que esbarra em uma impossibilidade e não pode se completar. Na doença, no trauma, no sintoma, vemos a insistência e eterna repetição de um ato de salvação sem êxito. A doença é a petrificação de um movimento de cura (p. 106, grifo nosso).

Na clínica, obtemos, a todo momento, demonstrações contundentes dos mecanismos pelos quais essa "petrificação" pode se produzir. Estas nos desafiam com o paradoxo muito bem formulado por Pires, o qual impede que realizemos sobre tais mecanismos um juízo grosseiro enquanto "positivos" ou "negativos", já que o movimento de cura leva à patologia, e a patologia constitui, de sua parte, a prova mais incontestável da procura incessante do sujeito por uma "melhor solução".

Transportando esse princípio para o interior do campo transferencial, temos por suposto, a partir de nossa experiência, que pacientes muito agradáveis, sedutores, "bonzinhos", nos fazem reconhecer a lacuna que os separa de si mesmos na própria medida em que tal atitude veicula o apelo desesperado para que possamos acolher (ajudando-os, assim, a reintegrar) aquilo que deles ficou perdido em sua história. Ora: os "garotinhos ou garotinhas adoráveis", de Winnicott; a "criança prestimosa", de Ferenczi; bem como as "manifestações artificiais de alegria e agitação", dos sujeitos a que se refere Green, apontam, todos, para um mesmo padrão de distorções subjetivas, o qual tem por base a cristalização do pedido para que um outro – um cuidador – restitua-lhes a posse de si mesmas. Trata-se de atitudes que, no limite, estão relacionadas à fracassada, porém persistente, tentativa de cuidar para, assim, recuperar a possibilidade de serem cuidados; curar para, desse modo, reencontrar a esperança de serem curados. Pode-se compreender, daí, a afirmação de Ferenczi:

> *As crianças são obrigadas a resolver toda espécie de conflitos familiares, e carregam sobre seus frágeis ombros o fardo de todos os outros membros da família.* Não o fazem, afinal de contas, por desinteresse puro, mas para poder desfrutar de novo a paz desaparecida e a ternura

que daí decorre. *Uma mãe que se queixa continuamente de seus padecimentos pode transformar seu filho pequeno num auxiliar para cuidar dela, ou seja, fazer dele um substituto materno, sem levar em conta os interesses próprios da criança* (1933, p. 120, grifo nosso).

Neste cenário, defrontamo-nos com a armadilha em que tais sujeitos terminam por ser pegos em meio à tentativa de recuperar o que lhes falta. O preço que lhes é cobrado é o de se tornarem alienados de si próprios, uma vez que foram despejados da própria morada subjetiva pela necessidade premente de socorrer seus cuidadores, isentando-os de suas funções. Diz Roussillon:

> *O sujeito, para manter a ligação ou constituir um vínculo com o objeto, aceita passar pelas agudas e dolorosas humilhações que ele exige, para manter a aliança com o objeto, ele aceita se amputar de uma parte de si mesmo que permanece então "em suspenso", em errância na psique, não chegando a ser* (2011, p. 14, tradução nossa).

Certas defesas se fazem, então,

> *sobre a base de uma "escolha" de objeto a despeito do quanto insatisfatório e alienante ele seja, porque será melhor que o retorno na agonia. Sobre essa base, alguma simbolização pode se desenvolver, ainda que a área ligada pela proximidade com a zona traumática permaneça relativamente rígida e fixada, sempre potencialmente ameaçada por um retorno da agonia na medida em que uma separação do objeto se apresente* [...] (2011, p. 14-15, tradução nossa).

Como adianta Roussillon, o que torna ainda mais complexas as configurações subjetivas que discutimos é o fato de que, ao mesmo tempo em que almeja uma "melhor solução" para a clivagem que lhe foi violentamente infringida, o Eu vive aterrorizado pelo temor de um novo mergulho no estado traumático que a produziu. Isso porá em ação um conjunto de defesas mobilizadas na tentativa de proteger a subjetividade do retorno do insuportável estado agonístico inerente ao contexto traumático. A destinação de grande parcela da psique ao cumprimento de tarefas defensivas é, assim, outra parte do preço a ser pago pelo sujeito para assegurar sua sobrevivência emocional.

Eis aí, afinal, as bases sobre as quais buscaremos sustentar a afirmação de que, no contexto que esquematizamos, *as distâncias estabelecidas entre o sujeito e ele mesmo podem ser atestadas na chave de cada uma das categorias que propomos distinguir como as principais dimensões da experiência traumática: seu efeito "des-historicizante", autoalienante e autointoxicante.*

Num primeiro plano, observa-se, por assim dizer, a gravação de uma nova versão de si mesmo sobre os ruídos da própria história; num segundo, o descolamento em relação ao próprio aparato mental e perceptivo na busca por uma realidade menos terrível; num terceiro, o fechamento da própria identidade dentro de um conceito integralmente negativo, que tem o sentido de esterilizar o ambiente de toda sua maldade e potencial enlouquecedor, atribuindo-os exclusivamente a si.

Pensamos que a construção de um *self* alternativo, fictício e esvaziado, a renúncia ao vínculo consigo próprio e o conceito negativo de si indicam, a rigor, as últimas tentativas do Eu de lidar com a mutilação, operada ao longo de sua história, de partes essenciais de si mesmo, tentativas estas cuja radicalidade se dá na medida de e em resposta à violência que as produziu. Trata-se, assim, de deformidades que significam verdadeiras *estratégias de sobrevivência psíquica*, de que a subjetividade termina por lançar mão em decorrência do exílio a que foi submetida. Por esse motivo é que, em nosso entendimento, tais dimensões tornam-se as ressonâncias principais pelas quais podemos escutar o relato de uma história traumática; os ecos mais nítidos pelos quais se pode apreender os efeitos de uma situação de abandono afetivo radical ou precoce.

Considerando o trabalho que vem sendo desenvolvido por Roussillon, isto nos porá em contato com o problema das *ligações primárias não simbólicas* (ROUSSILLON, 2011), que entram em cena quando alguma solução precisa ser dada pelo psiquismo para conflitos posicionados no campo do narcisismo primário, em que os traços da experiência traumática estão, como apontamos, para além do princípio do prazer-desprazer. Essas soluções, afirma,

> *que se opõe ao retorno do clivado, são soluções solipsistas no fundo, e mesmo que elas possam se acomodar com os complementos provindos dos objetos, elas aparentam ao que M. Khan, depois de Winnicott, chama de "autocuras", o que quer dizer soluções que não procedem de uma forma de interiorização simbolizante da experiência subjetiva, mas, ao contrário, mostram o sujeito tentando tratar aquilo a que ele está confrontado, sem passar pelo custoso desfiladeiro da simbolização e dos lutos que ela engendra necessariamente* (2011, p. 16, tradução nossa).

Reservaremos os capítulos dois, quatro e seis, respectivamente, à discussão do primeiro, segundo e terceiro itens elencados. Apresentaremos, porém, previamente a cada um deles, o relato de um caso clínico extraído de nossa experiência, cujo papel será o de mobilizar a discussão dos aspectos mencionados, expondo, desse modo, as inquietações clínicas que nos conduziram à tentativa de equacionar teoricamente as questões às quais passamos a nos dedicar.

É, contudo, importante salientar que, em essência, o objeto de nosso estudo está antes relacionado a uma *modalidade de sofrimento* do que a determinado perfil psicopatológico, o qual poderá variar enormemente em função da intensidade das falhas ambientais e da natureza dos recursos que tiveram de ser mobilizados para garantir, diante destas, uma coesão mínima do Eu. A esse respeito, declara Green:

> *é muito possível que este complexo da mãe morta, cuja estrutura talvez esquematizei, possa ser encontrado sob formas mais rudimentares. Deve-se então pensar que a experiência traumática à qual aludi foi mais discreta, ou mais tardia, sobrevindo num momento em que a criança estava mais apta a suportar suas consequências e só teve que recorrer a uma depressão mais parcial, mais moderada e facilmente superável* (1980, p. 268).

Roussillon, por sua vez, afirma que o modelo por ele proposto sobre o que denomina sofrimentos narcísico-identitários

> *adapta-se particularmente aos traumatismos precoces ou precocíssimos, mas* vale também para não importa qual experiência de transbordamento e de desamparo face a esse transbordamento, *mesmo aquelas que afetaram o aparelho psíquico mais tardiamente* (2011, p. 9, grifo no original, tradução nossa).

A exemplo disso, iremos observar, no primeiro caso que apresentaremos, as claras marcas deixadas por um objeto primário incapaz de prover suficientes condições para a formação de um Eu com contornos razoavelmente seguros. Não obstante, perceberemos, no paciente em questão, a presença de recursos simbólicos significativos, capazes de viabilizar, com algum auxílio, um contato genuíno com as graves fraturas subjetivas produzidas pela absoluta instabilidade de seu ambiente primordial. Já no segundo, considerado por nós como o mais grave dos três, teremos o exemplo de uma personalidade radicalmente cindida, em que se faz notória a exclusão de segmentos inteiros da própria história do campo de elementos subjetivos passíveis de serem tratados, pelo Eu, como parte de uma experiência pessoal. Nesse caso, as conexões simbólicas responsáveis pela interligação de certas regiões da personalidade se mostram quase que inexistentes, restringindo, por isso, as vivências do sujeito ao domínio das organizações defensivas criadas para proteger a subjetividade da queda enlouquecedora no vazio existencial que a caracteriza. Por fim, o terceiro caso clínico que será por nós discutido permitirá reconhecer, a despeito de um universo simbólico pleno de possibilidades para a comunicação do próprio sofrimento, uma importante paralisia subjetiva determinada pela experiência jamais cicatrizada (e, portanto, jamais terminada) de um insuportável abandono ocorrido na mais tenra infância.

Com isso, realizamos a aposta de que o paciente "perdido" ou as partes perdidas de sua personalidade possam ser encontrados no interior do complexo sistema formado pelo pensamento de autores que demonstram compreender nossas vivências clínicas com tais sujeitos. Desse modo, esperamos, em parceria com nossos pacientes, ajudar a compor tal sistema em auxílio dos que nos sucederem.

1. Bernardo[2] e a esperança de "se juntar"

Minha entrada na vida de Bernardo se deu a partir de um contato telefônico de seu pai, em que fui objeto de uma convocação ansiosa: "Boa tarde, Daniel. Meu nome é Felipe e estou entrando em contato com você a respeito do meu filho, de treze anos. Gostaria que agendássemos uma conversa o quanto antes, pois a situação é um tanto urgente".

Alguns dias depois, no horário marcado, Felipe me contou que seu filho Bernardo havia sido expulso da escola. Segundo ele, a direção acusava o adolescente de ter divulgado pela internet materiais que difamavam a imagem do colégio, sem ter em conta as graves consequências que poderiam advir dessa atitude para os que nela foram envolvidos. Desde então, dizia o pai, o garoto vivia isolado dos familiares, fumava maconha todos os dias, apresentava

---

2 Os nomes de todos os indivíduos mencionados nas vinhetas clínicas deste trabalho foram modificados a fim de resguardar suas identidades.

episódios recorrentes de agressividade e rejeitava todas as suas tentativas de matriculá-lo em uma nova escola.

Segundo Felipe, a expulsão ocorrera concomitantemente à saída, de sua casa, de uma funcionária que cuidara de Bernardo por boa parte de sua infância, uma espécie de babá com a qual o garoto possuía um vínculo muito importante. Felipe e Ana, mãe de Bernardo, eram separados desde que o filho tinha quatro anos, a partir de um litígio judicial no qual a guarda do menino havia sido, pelo que pude inferir, violentamente disputada.

Após sua derrota no processo, Ana mudara-se para a Europa. Na ocasião de minha primeira conversa com Felipe, os contatos de Bernardo com a mãe aconteciam por internet e, desde que ela soubera da situação do filho, eram marcados por promessas de retorno ao Brasil. Em conversas posteriores que pude ter com Ana, verifiquei que, em seu discurso, esse retorno adquiria o tom dramático de um gesto de socorro ao filho, que teria sido submetido, junto com ela, ao trauma da separação "forçada" de ambos.

Felipe me relatou que Bernardo já havia sido acompanhado por uma analista, por cerca de oito anos, desde a época da separação dos pais, e a ela atribuía o fato de o filho não ter se tornado um psicótico. O processo havia sido interrompido, dizia ele, pelo fato de a terapeuta não se considerar idônea para o atendimento de adolescentes, tanto quanto para o trabalho com crianças, razão pela qual teria optado pelo encaminhamento de Bernardo para outro psicanalista quando ele completou doze anos.

Ainda segundo Felipe, a gravidez de Ana ocorrera de forma não planejada, quando ambos ainda eram bem jovens. Naquele momento, os dois haviam concordado em realizar um aborto. Ana, no entanto, em determinado ponto da gestação, teria mudado de ideia, dizendo já amar o filho que carregava dentro de si, e acusando Felipe de frieza e crueldade pelo fato de insistir com a proposta.

A imagem que Felipe trazia ao falar sobre Ana era a de uma mulher com personalidade oscilante. Numa de nossas conversas, relatou situações em que, com meses de idade, Ana teria tirado Bernardo do berço no meio da noite, agarrando-o e pedindo ao bebê para que nunca a abandonasse. Noutras, teria testemunhado a ex-mulher dizendo para o filho, enquanto o amamentava, que seu nascimento não havia sido uma escolha, e que ele tinha vindo ao mundo por acidente.

Qual não foi minha surpresa quando, em meu primeiro encontro com Bernardo, deparei-me com um adolescente com um discurso bastante lúcido, claro e organizado. Nesse primeiro contato, queixava-se de se sentir sufocado pelo pai, que media todos os seus passos, preocupado com suas companhias, com o fato de vê-lo tão sem "rédeas" e com a possibilidade de que o uso constante da maconha o levasse à dependência de drogas mais nocivas.

Em meio a isso, Bernardo parecia considerar a pertinência das preocupações do pai. Era natural que essas coisas lhe passassem pela cabeça. Logo de início, porém, ficou claro, para nós dois, que sua queixa veiculava uma questão fundamental sobre a natureza de tais preocupações: estaria o pai, de fato, preocupado com ele, isto é, com seu bem-estar e sua integridade física e emocional, ou seriam estas apenas formas indiretas de lhe pedir que desse um "descanso", parando um minuto de gerar tantos problemas e dar tanto trabalho?

Em nossas primeiras conversas, eu tinha de me policiar constantemente para não perder de vista o fato de estar falando com um garoto de treze anos. A fluidez e a facilidade do diálogo, bem como o tom sempre razoável das considerações de Bernardo, traziam o risco de que eu mergulhasse na ilusão de uma troca horizontal entre nós. Não bastasse isso, o garoto afirmava ter lido, além de diversos clássicos da literatura universal, *O anticristo*, de Nietzsche, *A tempestade*, de Shakespeare, e o caso do "homem dos lobos", de Freud, ao final do qual, felizmente, declarava ter vomitado. Nesse caso, ao menos, seu psiquismo teria conseguido estabelecer um limite diante do que se mostrava, ainda, imaturo demais para "digerir".

Diante disso, seria fácil pensar que o adolescente que agora se punha em minha frente não era o mesmo "garoto problema" de quem, semanas atrás, seu pai me havia falado. Isso se, em pouco tempo, nossos encontros não tivessem começado a revelar a desordem que escondia por trás de sua grande astúcia e aparente organização.

Na primeira fase do trabalho, o tema reinante em nossas conversas era a insatisfação perene de Bernardo a respeito de quase tudo. Tinha amigos em sua mesma faixa de idade e gostava deles, mas, de tempos em tempos, ficava empapuçado com modos de interação sempre tão infantis: *"Tem horas que cansa ficar brincando de lutinha, fumando beck e jogando* video game*, sabe?"* Em outros momentos, falava sobre o contato com amigos bem mais velhos, que conhecera por intermédio da mãe, a qual vivera por muito tempo na cena "underground" da noite paulistana: *"Acho massa sair com os amigos da minha mãe. Eles são muito legais. Mas, às vezes, fico com a impressão de que eles esquecem que eu só tenho treze anos... Sei lá, acho meio foda. Ninguém lembra. Toda vez que, de repente, alguém toca nesse assunto, a galera toma um susto: 'Putz!, Pode crer! Cê só tem treze anos!'".*

Enquanto a mãe permanecia na Europa, Bernardo vivia entre as casas do pai e da avó paterna, alternando sentimentos de saudade e aversão em relação a cada uma delas. Sua avó morava num condomínio arborizado, distante do centro, onde o garoto vivia, em certos momentos, a experiência de um retiro apaziguador e, noutros, uma sensação de verdadeiro aprisionamento: *"Não aguento mais ficar na minha avó. Tô desesperado pra voltar pro 'apê' do meu pai e poder ir para a praça fumar e andar de skate com o pessoal. É isso que eu curto. Não sou um cara pra ficar fechado em condomínio".* Em outras situações, aparentemente sem perceber, referia exatamente o mesmo sentimento quando por mais de duas semanas no apartamento do pai, que passava, então, a adquirir para ele as características de um ambiente frio e mortificante, cujo vazio parecia invadi-lo.

Quando estava com a avó, era comum Bernardo queixar-se do excesso de censuras da parte dela, que, segundo ele, exagerava nas reprimendas ao seu comportamento. Já em relação ao pai, suas queixas destacavam quase sempre sua insensibilidade a respeito das necessidades básicas de um adolescente ou criança: *"Juro, Daniel, não tem como morar com meu pai! Ele não compra comida! Ele nunca lembra de deixar o dinheiro para eu vir para cá! E também, sei lá... Sinto falta de um prato de feijão com arroz de vez em quando, ao invés de torrada com pasta de gergelim...".*

Frequentemente, tais sentimentos eram atuados durante as sessões, com o garoto me perguntando, constrangido, se eu lhe poderia emprestar o dinheiro da passagem, sem o qual não teria como voltar para casa; ou quando, após iniciada a conversa, declarava não ter almoçado e dizia estar com tanta fome que sequer conseguia atentar para as minhas considerações, em razão do que terminávamos por "interromper" a sessão ir até uma lanchonete próxima para sanar o problema.

Desse modo, eu passava, na situação analítica, a desempenhar para Bernardo funções de cuidado essenciais: dava-lhe de comer, e oferecia os trocados de que tinha necessidade para passar o dia. A cada encontro, ele demonstrava de modo mais evidente que, apesar da inteligência e da eloquência incomuns a um garoto de sua idade, faltava-lhe, de fato, o "feijão com arroz" essencial ao seu desenvolvimento, isto é, a segurança proveniente da experiência em um ambiente estável e atento às necessidades fundamentais de uma criança.

Em contrapartida, era comum o garoto manifestar, nas sessões, sinais da mesma sensação de sufocamento que experimentava na casa do pai ou da avó: não raro, mostrava-se inquieto na poltrona, olhava repetidamente o relógio e, em seguida, pedia para interromper a sessão minutos depois do seu início, desculpando-se e afirmando ter algum compromisso para o qual poderia se atrasar. Aparentemente, Bernardo não conseguia se sentir em casa em lugar algum.

Aos poucos, ia se revelando diante de mim um adolescente bastante perdido e assolado pelo pavor de uma total desconexão com o sentido de suas experiências. Por diversas vezes, conversamos sobre o medo que sentia de ver esgotadas suas fontes de satisfação: "*Eu fico 'noiado' de que as coisas comecem a perder a graça. Gosto de ir fumar com os moleques, passar a tarde na casa deles, mas chega uma hora que dá um bode... É sempre a mesma coisa! Se eu tô com treze e já tô sentindo isso, como vai ser daqui para a frente??*" – perguntava, bastante angustiado.

Aos meus olhos, tal pavor ilustrava muito bem o momento em que passam a se esgotar as condições do bebê de alucinar o seio para suprir suas necessidades emocionais e, se este não chega, torna-se inevitável uma deformação na estrutura do Eu que o permita adaptar-se à sua imensurável ausência. Até quando Bernardo seria capaz de ludibriar sua carência de um "colo" seguro, genuinamente preocupado com seu bem-estar, através de uma irresponsabilidade sintomática e totalmente distante do brincar saudável da criança que passeia tranquila pelo espaço transicional, ele que, recém-nascido, estivera no colo de dois adolescentes absolutamente incapazes de atendê-lo em suas necessidades primordiais?

A partir de determinado momento do trabalho, Bernardo começou a faltar com frequência às sessões. Até então, eu entendia esse movimento como uma atuação de sua conhecida alternância entre sentimentos de saudade e sufocamento, razão pela qual buscava deixá-lo sempre à vontade a respeito de sua vinda às sessões. Isso se deu até que, certo dia, logo após uma breve passagem de sua mãe pelo Brasil, o garoto chega de *skate* ao consultório, em estado visivelmente eufórico, e me diz: "*Sabe, Daniel, eu tava pensando em por que eu fico faltando aqui... É bom vir, faz super bem, mas... Eu não sei... Na real, sabe quando eu tenho vontade de vir?? Quando eu tô na porta!*".

Essa última afirmação me causou profundo impacto. Próximo dessa época, Felipe me havia dito que o filho chegara ao ponto de ir até a estação de metrô a cinco minutos do meu consultório, dar meia volta e retornar para casa. "Só tenho vontade de vir quando já estou na porta...". Ora, tudo levava a crer que, para Bernardo, o sentido e a verdade do objeto se perdiam no meio do caminho, pela profunda incerteza sobre a realidade do vínculo que com ele se estabelecia.

Ana, de tempos em tempos, enchia a cabeça do filho com ideias de que retornaria ao Brasil, ou de que o levaria para morar com ela, em promessas que, por um motivo ou por outro, jamais se concretizavam. Desse modo, o garoto permanecia apoiado em afirmativas que com o tempo se esfacelavam, vivendo uma realidade enlouquecedora em que toda esperança de que o "alimento" chegaria dependia exclusivamente do seu próprio esforço mental, a despeito das inúmeras "mancadas" do objeto. Em outros termos, Bernardo permanecia refém de um seio que não parava de seduzi-lo, mas que nunca o alimentava.

Tomei sua frase, bem como a imagem de seu retorno para casa a cinco minutos do meu consultório, como um signo de seu esgotamento, e, num de nossos encontros, disse a ele: "Venho percebendo que pra você está muito difícil vir para cá. Está quase tão difícil quanto ir à escola e fazer as outras coisas que você quer e precisa fazer, mas não consegue. O que você acharia se, em vez de você vir para cá, marcássemos um encontro em outro lugar, um lugar em que você costuma ir? *"Sério? Eu acho uma ótima! Poderia ser o prédio do meu pai??"* "Sim, poderia".

Minha proposta era ir até o ambiente de Bernardo, em vez de pedir que viesse até o meu, evitando ser mais um dos objetos cuja realidade e permanência dependeriam exclusivamente de sua própria fé.

Deslocamos, assim, nosso *setting*, de um enquadre tradicional, para o de um acompanhamento terapêutico e, como jamais tinha acontecido no consultório, Bernardo me aguardava com pontualidade britânica em nosso primeiro encontro no saguão de seu prédio.

Desde que isto ficou definido, os encontros aconteciam, em geral, na sala de estar de seu apartamento, num horário em que éramos os únicos presentes. Lá, pude ter contato com a variedade dos elementos que compunham seu universo. Na época, o menino estava profundamente envolvido com a música eletrônica, e mostrava-me as impressionantes montagens que era capaz de produzir em sua mesa de som e no computador. Noutros momentos, expunha-me vídeos das festas organizadas por grupos dos quais participava, as quais me chocavam pelas performances lá realizadas e pela variedade dos tipos humanos que ali se apresentavam. Desse modo, Bernardo ia, aos poucos, me envolvendo na atmosfera turbulenta, confusa e barulhenta na qual vivera desde que nasceu.

Pude notar que, à medida de minha aproximação com seu universo, o garoto se tornava capaz de me confessar coisas cada vez mais íntimas, que, talvez, temesse admitir mesmo para si próprio sem uma companhia que o mantivesse minimamente seguro para a abordagem desses assuntos. No sofá de seu apartamento, Bernardo contou-me experiências de alucinose que vivera como profundamente assustadoras, ocorridas com ou sem o uso de drogas.

Certa vez, falávamos das "viagens" que experimentara com o uso de LSD e ele me relatou o pavor de que fora acometido quando, numa delas, sentiu-se perdido em meio a uma profusão de conteúdos delirantes, dos quais temia nunca mais sair: "*Eu tava num estado em que achava que ia ficar ali para sempre. Tinha vozes na minha cabeça, pessoas gritando, era horrível*". A isso, entretanto, seguiu-se o relato de um importante *insight*: "*Teve uma vez, depois de tomar um 'doce', que eu fiquei repetindo por minutos pra mim mesmo: 'tenho medo de ir e não voltar, tenho medo de ir e não voltar...' Porque todo mundo fala que, quando você usa ácido, você pode ir e nunca mais voltar da viagem... Mas, daí, eu me dei conta de que isso tinha muito a ver com a minha mãe. Quando eu era criança e ela viajava, eu fica fechado no meu quarto* [neste momento, começou a chorar], *e chegava a arrancar tufos de cabelo da cabeça, de tanto desespero, porque tinha medo de que ela nunca mais voltasse... Tinha medo de que ela pudesse ir e não voltar...*".

Em todos os sentidos, o pavor dizia respeito à viagem para a qual se poderia ir e nunca mais voltar. Cerca de uma semana antes dessa importante percepção, Bernardo havia me ligado, após mais uma passagem de sua mãe pelo Brasil, em estado bastante depressivo, referindo não conseguir dormir. Conversamos, então, sobre seu medo de dormir e despertar numa realidade em que a presença da mãe nunca fora real, mas apenas, coisa de sua cabeça, algo próximo da felicidade como um "estado imaginário", de que fala Roberto Frejat[3] na canção "Pense e dance". Na ocasião, a mãe não respondia suas chamadas por Skype e não lhe dava notícias sobre sua chegada. O barulho da televisão, a presença do pai, do irmão e da madrasta ao lado, na sala de estar, não só não o confortavam, como davam a ele a dimensão de sua solidão, o sentimento de nunca poder participar do mesmo universo que os outros, e de que seu próprio universo – a bagunça de seu quarto, o eco dos chamados sem resposta que dirigia à mãe – também jamais poderia ser penetrado por alguém.

A partir desse cenário, pude reconhecer a importância da comunicação que Bernardo me havia feito. Ficava claro que, a cada vez que sua mãe passava pelo Brasil, o menino regredia ao horror, vivido na infância, de seu eterno abandono por parte dela, e temia despencar no abismo que se abria pela insuficiência de seus recursos para lidar com o fato. Sempre que isto se dava, Bernardo voltava a ser o garotinho fechado em seu quarto, arrancando literalmente os cabelos, no limite de suas forças para crer na sobrevivência da mãe e em seu amor por ele.

Quando, no entanto, relatou para mim o *insight* que obteve pela associação entre esse momento e a experiência recente com as drogas, a comunicação já não partia de um garotinho, mas de

---

[3] No segundo capítulo, discutiremos a ideia de Green de que uma das ansiedades de base do chamado "complexo da mãe morta" seria o horror psicótico de ter sido falso bebê alimentado por um falso seio (GREEN, 1980). Para o autor, isso ajudaria a esclarecer o medo profundo experimentado pelo *borderline* a respeito do contato com seu próprio inconsciente, no qual poderia estar guardada esta verdade enlouquecedora.

um adolescente que, de algum modo, começava a *simbolizar* a experiência de seu terror. Quando Bernardo me fala de seu pavor, profundamente tocado, mas sem revivê-lo em sua plenitude, discorre sobre ele a partir de um outro lugar, o qual já não se identifica, de modo absoluto, com o da criança abandonada e totalmente desprovida. Naquele momento, em vez de reviver o abandono, Bernardo chorava com a consciência do quão dolorosa fora sua história, autorizando-se a sofrer por ela e abdicando, finalmente, da negação defensiva da tragédia experimentada.

Algum tempo após a mudança de nosso enquadre, Bernardo começou a se ausentar, também, de algumas de minhas visitas, embora com menor frequência do que ocorria no consultório. Essa possibilidade, de algum modo, já me era prevista. Sabia que, indo até lá, também estaria sujeito a levar alguns "canos". Quando isso ocorria, eu permanecia aguardando por ele pelo tempo de uma sessão.

Certa vez, quando retornava de uma de suas ausências, pensei em como me sentia naquela situação, e na modalidade de transferência que ali se estabelecia. O menino punha-me numa posição em que eu nunca sabia se ele viria ou não. Com isso, testava minha capacidade de mobilizar a energia necessária ao encontro e de sustentar nossa relação apesar de toda a incerteza a respeito de sua presença. Não fosse essa leitura, eu estaria por um triz de me sentir feito de palhaço (como ele, certamente, lutava por não se sentir pela mãe), atravessando parte da cidade para, ao chegar a seu prédio, ouvir do porteiro que ele não estava lá.

Em meio a isso, ocorreu, certo dia, um fato interessante. Pela primeira vez, desde que iniciamos nosso trabalho, me atrasei cerca de quinze minutos para meu encontro com Bernardo, em razão de um contratempo pessoal. Não pude avisá-lo, já que ele não possuía celular, e os únicos meios de que dispunha para contatá-lo eram os telefones de seu pai que, naquele momento, estava no trabalho. Sem mais alternativas, seguia para seu apartamento quando, já próximo, recebo uma ligação do garoto, bastante preocupado: "*Oi, Daniel. Você está vindo pra cá?*" "Sim, sim, já estou quase chegando. Peço desculpas, tive um pequeno problema e não tinha como te avisar" "*Ah, tudo bem... Fiquei preocupado porque você nunca atrasa...*".

A mensagem me parecia bem clara, e corroborava meu entendimento da situação até ali. Ele tinha o direito de se atrasar, faltar, desaparecer sem avisos ou qualquer tipo de justificativa, ao passo que eu deveria sempre me manter presente e jamais cobrar dele a contrapartida de meu devotamento. Bernardo tinha necessidade de viver comigo, *pela primeira vez*, a absoluta *despreocupação* que deve caracterizar a atitude do bebê saudável em relação a seus agentes de cuidado. Eu deveria me adaptar religiosamente a suas necessidades e camuflar, o quanto possível, as minhas próprias, sob pena de despertar nele o medo de reviver a instabilidade de seu objeto primordial. Num momento extremamente precoce, sua mãe o havia invadido com a ansiedade de que *ele* a abandonasse, subvertendo completamente sua tarefa de cuidado ao filho recém-nascido e, agora, eu deveria sustentar rigorosamente nossa relação, a despeito do quão inseguro ele me mantinha acerca de seu compromisso comigo.

Num dos encontros, após esse episódio, conversávamos sobre sua participação em festas e eventos dos coletivos que frequentava, e sobre os relacionamentos que mantinha nesses espaços. Novamente, Bernardo me falava sobre a alternância entre sentimentos de empolgação e desânimo que experimentava em relação aos grupos dos quais participava. Nesse contexto, questionei: "o que você acha que te leva para esses lugares? Quando você os frequenta, o que está buscando?" – ao que respondeu: "*Sei lá... Por algum* motivo, eu sempre gostei de ficar no meio de um monte de gente. Na verdade, acho que preciso disso. Acho que eu vou lá para me juntar..." "Sim, você vai lá para se juntar, e não apenas com outras pessoas, mas também a si mesmo. Você busca situações em que, ainda que por um momento, consiga sentir que os seus pedacinhos estão todos juntos: o pedacinho que está lá na Europa, o que está com saudade da escola, o que tem vontade de voltar para a sua avó... Infelizmente, você cresceu numa condição em que um pedaço não podia estar junto com o outro. Parece que você só consegue isso quando está com muitas pessoas ao seu redor, cada uma muito diferente da outra. Não dá mesmo pra viver tranquilo se a gente não se juntar...".

2. O efeito "des-historicizante" do trauma: o sujeito fora do tempo

2.1 As formas do recordar

"Os histéricos sofrem principalmente de reminiscências" (BREUER; FREUD, 1893, p. 7, tradução nossa), declararam Freud e Breuer em seus *Estudos sobre a histeria*. Na afirmação, considerada por muitos o postulado inaugural da psicanálise, os dois médicos lançam um princípio tão impactante e original quanto aberto e imponderável, cujo alcance não estava, na época, em condições de ser avaliado, e cujo sentido se faz notar na clínica contemporânea, talvez, de modo ainda mais contundente do que no contexto de sua formulação.

Atribuir o sofrimento psíquico a "reminiscências" significa atribuí-lo a alguma qualidade de memória. No entanto, um dos pressupostos que definem o modo psicanalítico de conceber o adoecimento humano consiste na ideia de que essas memórias serão tão mais patogênicas quanto menos puderem ser reconhecidas e experimentadas como tais pelo sujeito. Nos *Estudos*, Freud e Breuer entendem como um dos determinantes do adoecimento histérico o fato de que o Eu considerou a experiência como sendo incompatível com ele próprio e, portanto, ela teve de ser rechaçada (STRACHEY, 1955). Presumem, então, que o trauma psíquico, por efeito de sua lembrança tão recusada quanto presente, funciona como um antígeno que permanece em ação ainda que muito tempo após sua entrada no psiquismo (BREUER; FREUD, 1893).

Eis um sentido que o desenvolvimento ulterior da psicanálise veio ampliar e reforçar enormemente. Sofremos – e hoje, seguramente afirmamos, não somente os histéricos – assolados pelos restos não integrados de nossa história, pelo que guardamos, a partir dela, como corpos estranhos a nós mesmos. Diagnosticar um adoecimento psíquico significa, nesse sentido, elucidar os modos com que tais disjunções operam em determinada personalidade. Significa, então, nessa mesma medida, compreender como ocorre num dado sujeito o relacionamento com o próprio passado.

Sem qualquer pretensão de contemplar a riqueza das observações e discussões presentes nos *Estudos*, muito menos fazer jus à complexidade do percurso realizado por Freud de um ponto a outro de sua obra, atentemos, porém, para um outro momento de sua produção e consideremos, por um instante, um de seus mais importantes trabalhos sobre as formas de manifestação das "reminiscências" no contexto clínico: *recordar, repetir, elaborar*. No artigo de 1914, Freud retoma brevemente o histórico das transformações sofridas pela técnica psicanalítica desde o método catártico, baseado na tentativa de reproduzir os processos psíquicos ocorridos durante a formação do sintoma, para, em seguida, debruçar-se sobre os diferentes modos de recordação que passava a identificar na experiência analítica acumulada até ali.

Na curta revisão com que inicia o artigo, o criador da psicanálise destaca que, no tratamento hipnótico, o recordar se configurava de forma relativamente simples:

> *O paciente se punha numa situação anterior,* que não parecia jamais se confundir com a presente, *comunicava os processos psíquicos da mesma, até onde haviam permanecido normais, e acrescentava o que podia resultar da transformação dos processos antes inconscientes em conscientes* (FREUD, 1914, p. 196, grifo nosso).

Apesar de se considerar a patologia histérica como efeito de um de "transbordamento" do passado sobre o presente motivado pelo estrangulamento da carga afetiva àquele vinculada, havia, então, pelo que se pode perceber, a profunda crença num psiquismo organizado em *tempos nitidamente distintos.*

A mesma crença, no entanto, não poderia se sustentar a partir das investigações empreendidas com a técnica da associação. Na sequência do texto, Freud chama nossa atenção para um "grupo de eventos psíquicos" que não "representam os anos esquecidos da infância tão adequadamente quanto o conteúdo manifesto do sonho representa os pensamentos oníricos" (FREUD, 1914, p. 197) e, nessa medida, tem de ser considerado separadamente em sua relação com o esquecer e o recordar. Nele, diz,

> *sucede com particular frequência que seja "lembrado" algo que não poderia jamais ser esquecido, pois em tempo algum foi percebido, nunca foi consciente e, além disso, parece não fazer nenhuma diferença, para o decurso psíquico, se uma dessas "conexões" era consciente e foi*

> então esquecida, ou se jamais alcançou a consciência. A convicção que o doente adquire no decurso da análise independe por completo de uma tal recordação (1914, p. 198).

No referido grupo, Freud situa formas de "esquecimento" relacionadas à "dissolução de nexos" e ao "não reconhecimento de sequências lógicas" (1914, p. 198). Além dessas, menciona "um tipo muito especial de vivências muito importantes, que têm lugar nos primórdios da infância e que na época *foram vividas sem compreensão*" (grifo nosso). Tais descrições chamam nossa atenção para experiências que se manifestam no psiquismo, não enquanto pressões do recalcado que exige expressão no plano consciente, mas por efeito de sua própria *incompletude*, fato que impede o estabelecimento de uma clara fronteira que lhes assegure a condição definitiva de atuais ou passadas.

Surge aí a conhecida afirmação das situações clínicas em que o analisando

> não recorda absolutamente o que foi esquecido e reprimido, mas assim o atua. Ele não o reproduz como lembrança, mas como ato, ele o repete, naturalmente sem saber que o faz (1914, p. 199).

O analisando repete, podemos dizer, como se ainda vivenciasse a situação traumática original, e o faz, interessantemente, sem que, para isso, precise ser hipnotizado.

Na medida em que repete, o sujeito permanece fixado em determinado ponto de sua história, que se faz atual, entre outras coisas, pela transferência da carga emocional experimentada naquele contexto para o presente. Nesse sentido, as atuações precisam ser consideradas como um modo particular de rememoração. Parece-nos crucial perceber, assim, que, no lastro de uma discussão que se propõe, de início, eminentemente clínica, Freud realiza um trabalho fundamental de caracterização de diferentes formas de memória capazes de povoar a vida subjetiva, bem como dos modos de registro e manifestação que lhes são inerentes.

Entretanto, nem só de memórias se trata, já que fazer repetir, diz Freud, significa "conjurar uma fração da vida real" (1914, p. 202), ao passo que fazer lembrar, como sucedia pela hipnose, dava a impressão de um experimento de laboratório. Isso procede uma vez que, no primeiro caso, o esforço em questão refere-se não apenas ao que aconteceu, mas ao que permanece acontecendo. Assim, o entendimento da compulsão à repetição como algo que traz à tona o "passado presente" do paciente nos faz abranger um espectro muito mais amplo de sua história emocional. Se recordar é evocar o *acontecido*, repetir é encenar o que permanece *inconcluso* em relação à história do sujeito.

***

A partir daqui, propomos realizar novo salto dentro da obra freudiana para considerar, em meio a ela, o último momento por nós selecionado em que a problemática do recordar é trazida para o centro da discussão. *Construções em análise*, de 1937, é um artigo cuja tonalidade deixa entrever um Freud disposto a levar o tema das reminiscências, lembranças ou recordações às últimas consequências.

Já nas primeiras páginas, o autor declara sem rodeios que "todos nós sabemos que a pessoa que está sendo analisada tem de ser induzida a recordar algo que foi por ela experimentado e reprimido" (FREUD, 1937, p. 258, tradução nossa). Lembra, porém, logo em seguida, que a outra parte do trabalho, ou seja, a tarefa do analista, vinha sendo empurrada para segundo plano. A partir disso, declara:

> O analista não experimentou nem reprimiu nada do material em consideração; sua tarefa não pode ser recordar algo. Qual é, então, sua tarefa? Sua tarefa é a de completar *aquilo que foi esquecido a partir dos traços que deixou atrás de si ou, mais corretamente, construí-lo. A ocasião e o modo como transmite suas construções à pessoa que está sendo analisada, bem como as explicações com que as faz acompanhar, constituem o vínculo entre as duas partes do trabalho de análise, entre o seu próprio papel e o do paciente* (1937, p. 258, grifo nosso, tradução nossa).

"Completar aquilo que foi esquecido [...] as explicações com que as faz acompanhar [...] o vínculo entre as duas partes do trabalho [...]." Aos nossos ouvidos, tais palavras indicam claramente que devemos considerar o vínculo aí citado, não apenas como o elo criado entre analista e paciente, mas, igualmente, entre os *dois tempos do contato com o trauma*. Posicionados, de início, cada qual em seus lugares próprios pelos jovens investigadores da técnica hipnótica, passado e presente são agora reunidos *na/pela pessoa do analista*, que acompanha, vincula, completa e, desse modo, (re)constrói e (re)encontra sentidos, ao mesmo tempo, antigos e atuais.[4]

---

4   Em artigo de 1975, Green faz um comentário que nos parece elucidar um sentido mais profundo da função desempenhada pelo analista em sua tarefa

Vemo-nos, assim, mais de quarenta anos depois, radicalmente distantes da cisão categórica entre passado e presente pela qual se caracterizava o método hipnótico, a qual ficava encenada na separação visível entre os estados de transe, suposto palco de expressão das experiências passadas, e de vigília, em que estaria resguardado o acesso à vida presente. A distinção antes pressuposta e, por isso mesmo, artificialmente induzida, corresponde agora aos extremos de um largo espectro de nuances que caberá ao analista captar, identificar e traduzir em seu trabalho.

Ocorre, nesse ponto, a famosa comparação entre o trabalho do analista e o do arqueólogo, cujos desafios, diz Freud, são "de fato idênticos" (1937, p. 259, tradução nossa), exceto por um fato crucial: o de que o material com que trata o analista "não é algo destruído, mas algo que ainda está vivo" (1937, p. 259). Apesar disso, ambos "possuem direito indiscutido a reconstruir por meio da *suplementação* e da combinação dos restos que sobreviveram" (1937, p. 259, grifo nosso).

Há que se manter em mente, afirma Freud:

> *que o escavador está lidando com objetos destruídos, dos quais grandes e importantes partes certamente se perderam, pela violência mecânica, pelo fogo ou pelo saque. Nenhum esforço pode resultar em sua descoberta e levar a que sejam unidas aos restos que permaneceram. O único curso que se lhe acha aberto é o da reconstrução, que, por essa razão, com frequência, só pode atingir um*

---

de complementação dos materiais esquecidos pelo paciente: "A esperança em análise é fundada na noção de um significado potencial (GREEN, 1975/2005) que permitirá que o significado presente e o significado ausente se encontrem *no objeto analítico*" (p. 48, grifo nosso).

certo grau de probabilidade. Mas com o objeto psíquico cuja história primitiva o analista está buscando recuperar, é diferente. Aqui, defrontamo-nos regularmente com uma situação que, com o objeto arqueológico, ocorre apenas em circunstâncias raras, tais como as de Pompeia ou da tumba de Tutancâmon. Todos os elementos essenciais estão preservados; mesmo coisas que parecem completamente esquecidas estão presentes, de alguma maneira, em algum lugar, e simplesmente foram enterradas e tornadas inacessíveis ao indivíduo (1937, p. 259-260, tradução nossa).

De nosso ponto de vista, uma importante interrogação deve ser colocada ante tal constructo freudiano. Será mesmo que, em se tratando do objeto psíquico, todos os elementos essenciais estão necessariamente preservados? Não teríamos, nós humanos, tido, em nossa história, agentes de efeitos tão deletérios quanto os que na arqueologia se atribui a "violências mecânicas", ao "fogo" ou ao "saque"?

Segundo a crença freudiana exposta na sequência do artigo que analisamos, com certeza não. Ao comparar com o delírio a natureza de certas recordações evocadas no paciente pela comunicação das construções do analista, Freud radicaliza ainda mais sua posição sobre o assunto. Isso porque tanto a força do delírio como a eficácia terapêutica da construção, diz ele, se devem aos fragmentos de verdade histórica que contêm.

Em *Construções em análise*, chega-se a considerar como uma característica central das alucinações, "à qual uma atenção suficiente não foi até agora prestada" (FREUD, 1937, p. 267, tradução nossa), o retorno de algo que foi experimentado na infância e depois esquecido, "algo que a criança viu ou ouviu numa época em que ainda mal podia falar e que agora força o seu caminho à consciência, provavelmente deformado e deslocado" (p. 267, tradução nossa). Pode ser, diz Freud,

> *que os próprios delírios em que essas alucinações são constantemente incorporadas, sejam menos independentes do impulso ascendente do inconsciente e do retorno do reprimido do que geralmente presumimos* (p. 267, tradução nossa),

sendo essa a característica que guardam em comum com as construções capazes de alcançar algum resultado terapêutico.

Testemunhamos, assim, no artigo em questão, um Freud interessado em criar estratégias pelas quais se possa promover, ainda que através de construções fictícias, um contato efetivo com o passado do paciente. Diferentemente do que se poderia supor em interpretações, de nosso ponto de vista, bastante equivocadas (embora não tão incomuns), a ideia de construção não significa uma relativização da convicção freudiana sobre a importância das verdades históricas. Em outros termos, a psicanálise não é, de modo algum, no artigo de 1937, reduzida a uma produção de discurso.[5]

---

5   Em artigo a que retornaremos adiante, Figueiredo (1998) realiza uma importante discussão sobre as correntes de pensamento em psicanálise por ele denominadas "construtivistas", para as quais as transformações promovidas pelo trabalho analítico decorreriam exclusivamente de um processo de "tecimento de novas versões de si mesmo" (p. 273), mais coerentes, convincentes e libertadoras para o analisando. Liberadas, assim, da clássica preocupação com a *correspondência* entre as interpretações do analista e os fatos da realidade psíquica, tais correntes entendem a metáfora arqueológica da prática analítica como um modelo caduco que deveria ser aposentado. Nessa perspectiva, o passado

Nele, Freud concebe a cura como inteiramente condicionada ao *resgate do sentido das experiências vividas*, a tal ponto que, para promovê-lo, admite o valor de narrativas que, a despeito de sua artificialidade, possam sintonizar os fragmentos de um passado soterrado.

Na conclusão do texto, Freud chega ao que nos parece o ponto nevrálgico de seu exercício de pensamento, em que, como em tantos momentos de sua obra, demonstra antever algo sobre o futuro da psicanálise. Declara que a investigação de certos distúrbios a partir das hipóteses ali apresentadas poderia levar a abandonar

> *o vão esforço de convencer o paciente do erro de seu delírio e de sua* contradição da realidade, *e, pelo contrário, o reconhecimento de seu núcleo de verdade permitiria um campo comum sobre o qual o trabalho terapêutico poderia desenvolver-se.* Esse trabalho consistiria em libertar *o fragmento de verdade histórica de suas deformações e ligações com o dia presente real e em conduzi-lo de volta para o ponto do passado a que pertence* (1937, p. 267-268, grifo nosso, tradução nossa).

Nesse ponto, o autor ressalta ainda que "a transposição de material do passado esquecido para o presente, *ou para uma expectativa de futuro*, é, na verdade, ocorrência habitual nos neuróticos, não menos que nos psicóticos" (1937, p. 268, grifo nosso). E conclui:

---

não seria redescoberto e reconstruído, mas, efetivamente, *reconstituído* a partir da situação analítica e do jogo transferencial-contratransferencial que nela se instala.

Com bastante frequência, quando um neurótico é levado, por um estado de ansiedade, a esperar a ocorrência de algum acontecimento terrível, ele de fato está simplesmente sob a influência de uma lembrança reprimida (que está procurando ingressar na consciência, mas não pode tornar-se consciente) de que algo que era, naquela ocasião, terrificante, realmente aconteceu. Acredito que adquiriríamos um grande e valioso conhecimento a partir de um trabalho desse tipo com psicóticos, mesmo que não conduzisse a nenhum sucesso terapêutico (1937, p. 268).

Estamos, aqui, diante de uma ideia de consequências estrondosas tanto para a prática clínica quanto para a conceituação das psicopatologias. Se um neurótico que prevê a ocorrência de algo terrível está, na verdade, em contato com um fragmento de *lembrança* reprimida, isso representa a dissolução de uma parcela considerável da fronteira antes tida como óbvia entre delírio e dado de realidade. Ao mesmo tempo em que distorce os fatos do presente, o delírio é valioso objeto "arqueológico" capaz de revelar verdades fossilizadas de uma história subjetiva. Localizar o sentido da paranoia numa experiência real, e não apenas imaginada, opera uma verdadeira revolução no entendimento sobre a natureza do transtorno mental, ao mesmo tempo em que conduz a psicanálise ao reencontro com seus primórdios. O que Freud concluiu em 1937 nos parece indicar, em verdade, o sentido mais profundo das "reminiscências" cujas manifestações testemunhava em 1893.

2.2 Lembranças do não acontecido

Em conexão absoluta, embora não declarada, com a tarefa legada por Freud em 1937 aos prosseguidores de seu trabalho está *Medo do colapso*, de Winnicott, cujo intuito é, nas palavras do autor, "chamar a atenção para a possibilidade de que o colapso [temido pelo paciente] já tenha acontecido" (1963, p. 74), próximo do início de sua vida, e em que se afirma a existência de casos nos quais o êxito da terapia estará totalmente condicionado ao reconhecimento de que "esse detalhe [o colapso] já é um fato" (1963, p. 74). Seguramente, *Medo do colapso* pode ser apontado como um dos trabalhos fundamentais já produzidos em psicanálise acerca da dificuldade enfrentada por diversos sujeitos em conferir às próprias experiências o caráter de um *acontecimento*, ou seja, uma vivência passível de *significação* e *localização* enquanto parte de uma história pessoal.

Segundo Winnicott, certas análises não caminharão, a partir de um certo ponto, sem que o analista seja categórico em afirmar para o paciente que "o colapso, do qual o medo destrói-lhe a vida, *já aconteceu*" (1963, p. 73). Trata-se, diz o autor, de um fato que o paciente carrega consigo, escondido em seu inconsciente. Nesse contexto, entretanto, o termo "inconsciente" serve especialmente para designar que a integração do Eu não foi capaz de abranger algo, pois o colapso em questão teria ocorrido numa época em que o eu era "imaturo demais para reunir todos os fenômenos dentro da área da onipotência pessoal" (1963, p. 73).

Contudo, pergunta Winnicott, "por que o paciente continua a preocupar-se com isto que pertence ao passado?" (1963, p. 73). Porque a experiência original da agonia primitiva, responde, "não pode cair no passado a menos que o ego possa primeiro reuni-la dentro de sua própria e atual experiência temporal e do controle onipotente agora" (p. 73). Isso significa que o bebê/paciente continuará procurando este "detalhe passado que *ainda não foi experienciado* e essa busca assume a forma de uma procura desse detalhe no futuro" (p. 73, grifo no original).

A partir daí, o psicanalista britânico declara sua crença de que, se o paciente estiver preparado para a aceitação deste "tipo esquisito de verdade, de que o que ainda não foi experienciado apesar disso aconteceu no passado" (WINNICOTT, 1963, p. 73), será aberto o caminho para que a agonia seja experimentada na transferência. Por essa via ele se tornará, gradativamente, capaz de reunir o fracasso original do meio ambiente dentro da área de sua onipotência pessoal, que está ligada ao estado de dependência característico dos estágios mais precoces de seu desenvolvimento.

Com a tese apresentada, Winnicott se coloca, como vemos, em plena afinidade com o propósito freudiano de "libertar o fragmento de verdade histórica de suas deformações e ligações com o dia presente real e em conduzi-lo de volta para o ponto do passado a que pertence" (FREUD, 1937, p. 268, tradução nossa), a partir do reconhecimento do núcleo de verdade do "delírio" oriundo, nesse caso, da "transposição de material do passado esquecido para [...] uma expectativa de futuro" (p. 268). Não obstante, a teorização winnicottiana nos impõe, nesse sentido, a consideração de toda a problemática ligada ao universo subjetivo próprio do desenvolvimento emocional primitivo (WINNICOTT, 1945). Se o "inconsciente winnicottiano" não aponta o lugar de experiências recalcadas, e sim daquelas que incidiram sobre um Eu ainda imaturo demais para abarcá-las, isso nos remete à distinção fundamental entre o modelo do recalque, ligado aos traumatismos secundários, e o da clivagem, determinada pelos traumatismos primários (ROUSSILLON, 2011).

Segundo Roussillon, muito mais do que o recalque, a clivagem cria espécies de extraterritorialidades psíquicas que atravessam as idades sem serem remanejadas pelas experiências ulteriores, sendo esta a característica central dos estados clivados da psique.

No modelo do recalque e, portanto, dos adoecimentos neuróticos, o traumatismo histórico foi afastado da consciência e, com ele, as representações de desejo nele implicadas. Por isso pode ser chamado de traumatismo secundário: *a situação subjetiva foi vivida, representada e, depois, secundariamente recalcada.* O recalque é a origem de uma fixação que tende a subtrair a evolução das moções pulsionais nele engajadas. Isso cria um arcaísmo que atrai para si os conflitos atuais. Nesse caso, o Eu pôde recalcar um dos termos do conflito por ter assegurada uma possibilidade de satisfação inconsciente, baseada na realização alucinatória que caracteriza os processos primários. *Aqui, portanto, o trabalho de simbolização primária, aquele que torna possível uma realização alucinatória do desejo, já aconteceu.* Em termos winnicottianos, poderíamos dizer que se trata de uma simbolização possibilitada por um seio que se manteve suficientemente presente para poder ser alucinado, ou seja, criado pelo sujeito. O narcisismo permaneceu, assim, suficientemente bom e permitiu a organização de uma ilusão que torna possível a transferência sob o primado do princípio do prazer.

Já no modelo da clivagem, confrontamo-nos com estados de retraimento e desespero latente derivados muito mais de uma experiência de *desamparo* do que de conflitos inconscientes ligados à renúncia ou ao luto. A questão que surge é a do não advento, o não acontecimento de si, mais que a da perda. O paradoxo do processo de luto é o de ter de renunciar ao que o sujeito jamais pôde ser, mais do que ao que foi e teve de abandonar. Aquilo que não aconteceu de si apresenta-se, então, não pelos disfarces característicos dos processos secundários, mas como algo que se faz sentir em estado potencial, já que não encontra matéria com que se inscrever na simbolização e, portanto, no Eu. Impossibilitado de lembrar o que jamais se inscreveu simbolicamente, o sujeito vive, apesar disso, assolado pelo pavor de um (re)encontro com seu passado, um passado que nunca ocorreu. Como aponta Winnicott, nesse caso, antes dos atos falhos e dos sentidos cuidadosamente camuflados nas cadeias associativas, esse pavor é o que nos trará o alerta sobre o que há de mais essencial a ser elaborado em meio à história do paciente.

Nos processos de clivagem, a ligação com o objeto está subordinada à questão de sua utilização, mais do que àquela, mais clássica, da relação de objeto. Afirma Roussillon:

> *Nos movimentos transferenciais que resultam de um funcionamento psíquico onde domine a dialética do recalque/retorno representativo do recalcado, o analisando vem tentar mostrar, por metáfora ou deslocamento, o que não entende de si, mas sente confusamente, o que se manifesta nele, disfarçadamente e sem consciência. Ele vem mostrar pela linguagem, para entender, aquilo que ele não aceita em si, mas que ele "sabe" que existe dentro dele. É este o sentido de inconsciente enquanto recalque. "Saber" sem saber que sabe, fazer entender o que se sente, mas que não se entende de si.*
>
> *Nas conjunturas de transferências narcísicas, o quadro clínico se inclina na direção de uma forma paradoxal dessa dialética intersubjetiva. O paciente vem fazer sentir ou ver uma parte dele que não percebe diretamente, mas cujos efeitos indiretos é capaz de medir sobre os outros ou sobre si mesmo. Ele pede ao analista que seja o "espelho do negativo de si", do que não foi sentido, visto ou ouvido de si mesmo* (2011, p. 5-6, tradução nossa).

Podemos dizer que, na neurose, o sujeito percebe, estranha e questiona algo sobre si. Já nas problemáticas narcísico-identitárias, o sujeito sofre os efeitos de suas partes clivadas como se viessem de fora. O paciente faz o analista viver o que não foi vivido de sua história para que este, enfim, o ajude a experimentar o que não pôde e a ser o que está ainda em estado latente, não acontecido. O paradoxo de fazer o outro sentir aquilo que não se sente de si substitui, assim, o conflito subjetivamente percebido, tipicamente neurótico. Nos chamados estados limítrofes, necessita-se do outro não apenas para compreender, mas para *possuir* a si próprio.

O fato de se clivar os traços da experiência traumática não faz com que ela desapareça. Seus traços estão para além do princípio de prazer-desprazer. O clivado tende, por isso, a retornar com mais violência do que o recalcado. Na medida em que não é de natureza representativa, é em ato que ele se manifesta, o que implica o risco de que se reproduza o estado traumático. Por esse motivo, a clivagem, enquanto defesa, não se faz suficiente. O sujeito precisa repeti-la para tentar dominá-la, retornando constantemente à situação traumática para defender-se do retorno *da* situação traumática, fazendo-se, ainda que de modo artificial, ativo diante daquilo em relação ao que sua história o fez passivo.

O estado traumático anterior retorna com as principais características de seu momento de emergência; quando ele se repete, repete também seu caráter traumático, repete também o fracasso da simbolização histórica. Isso esclarece a noção genérica de colapso que Winnicott nos apresenta, o qual se caracteriza pelo fracasso de uma organização defensiva criada para proteger o Eu contra o retorno do "impensável estado de coisas" (WINNICOTT, 1963, p. 71) subjacente a essa mesma organização.

Tomemos um dos exemplos apresentados no artigo de Winnicott:

> Essa jovem mulher deitava-se inutilmente no divã e tudo o que podia fazer era dizer: "nada está acontecendo nesta análise!".
>
> [...] Eu era capaz de dizer que ela estivera sentindo sentimentos e os experienciando a atenuarem-se gradualmente, de acordo com o padrão dela, um padrão que lhe causava desespero. Os sentimentos eram sexuais e femininos. Não se mostravam clinicamente.
>
> Aqui na transferência estava eu (quase) sendo a causa agora de malograr-se sua sexualidade feminina: quando isto foi corretamente enunciado, tivemos um exemplo, no presente, do que lhe havia acontecido inúmeras vezes.
>
> No caso dela (para simplificar bem a descrição) havia um pai que, a princípio, dificilmente se achava presente e que, quando ela era uma meninazinha, não queria o self feminino da filha e nada tinha a dar a título de estímulo masculino.
>
> Agora, o vazio é um pré-requisito para o desejo de receber algo dentro de si (1963, p. 75).

Na prática, diz Winnicott, "a dificuldade é que o paciente teme o horror do vazio e, como defesa, *organizará um vazio controlado*" (1963, p. 75, grifo nosso). Segundo ele, o vazio que ocorre nesse caso é um estado que a paciente está tentando experienciar, um estado passado que ela busca e do qual se defende ao mesmo tempo, e que não pode ser lembrado a menos que seja experienciado pela primeira vez agora.

Na conclusão do texto, o autor reafirma sua tese de que o medo do colapso pode ser o medo de um acontecimento passado que ainda não foi experienciado, declarando, por fim, que "a necessidade de experienciá-lo é equivalente à necessidade de lembrar nos termos da análise dos psiconeuróticos" (1963, p. 76).

Bem, mas a que se refere a "necessidade de lembrar" dos psiconeuróticos, se não ao imperativo humano de integrar ao Eu as partes recalcadas – diretamente relacionadas aos adoecimentos neuróticos –, ou dissociadas – diretamente relacionadas aos estados fronteiriços ou psicóticos – de nossa história e, portanto, de nós mesmos? Seja no caso da "lembrança" do que se experiencia pela primeira vez, seja no daquela em que se retoma o contato com que no fundo (inconscientemente) sempre se soube, a "necessidade de lembrar" decorre do esforço do Eu em estabelecer entre suas diversas partes uma *mediação simbólica* (primária ou secundária, conforme a modalidade de organização psíquica em questão). Isso significa que a saúde humana está condicionada à possibilidade de oferecer a si mesmo uma cópia da própria experiência (ROUSSILLON, 2013), *re-apresentando-a* a nós mesmos de modo condizente com a intensidade, forma e extensão dos efeitos por ela produzidos, mas, principalmente, conforme os recursos *atuais* do psiquismo para organizar essa experiência. Eis aí, em nosso entendimento, o sentido do empenho incansável do Eu em reunir a experiência da agonia primitiva "dentro de sua própria e atual experiência temporal e do controle onipotente *agora*" (WINNICOTT, 1963, p. 73, grifo nosso).

2.3 Coadjuvantes da própria história

Enquanto disparador dessa discussão, e conforme já foi por nós considerado em um estudo anterior (SCHOR, 2009), *Medo do colapso* é apontado por Figueiredo (1998) como um dos trabalhos fundamentais que nos obrigam a repensar a noção, ainda muito arraigada em boa parte do pensamento psicanalítico, de experiência como "presentidade", segundo a qual o que se experimenta é aquilo que se dá em presença. Para pensar uma experiência que se passa com o indivíduo antes da possibilidade de algo ser experimentado por ele, dele poder ser o bastante para experimentar algo, a noção corrente de experiência não basta.

Segundo Figueiredo, a "presentidade" deixa de ser o fundamento da experiência quando o fora do tempo – o extemporâneo – é, em todas as suas figuras, reconhecido como parte constituinte e indissociável de tudo o que se dá como atualidade vivida:

> O extemporâneo do inconsciente diz respeito tanto à insistência indestrutível das emergências pulsionais, como à resistência quase indestrutível de representações recalcadas, como aos efeitos devastadores do trauma que abre feridas incuráveis quando destrói até mesmo os recursos autorregenerativos do psiquismo (1998, p. 277-278).

Estes últimos, que são uma espécie de não fato ou não acontecido – já que "após a dilaceração psíquica não pode sobrevir uma recomposição do sentido e da história – são talvez os mais radicais *fora do tempo* com que a psicanálise tem de se haver" (FIGUEIREDO, 1998, p. 278).

Nas narrativas psicanalíticas, jamais se saberá definitivamente onde estão começo, meio e fim, pois cada momento estará sempre remetendo a e sendo atraído por outros momentos na constituição de uma história sempre fraturada e sobredeterminada. Como nos mostra Winnicott, tratamos, em nossa prática, de uma temporalidade em que o atual, muitas vezes, se constitui apenas pelo retorno daquilo que precisa encontrar no agora, condições suficientes para *terminar de acontecer*. Enquanto psicanalistas, não podemos negligenciar ainda o fato de que, em diversas modalidades da experiência humana, é no *só-depois* que o originário se constitui (FIGUEIREDO, 1998).

Entretanto, nas situações em que isto não puder ocorrer, a impossibilidade do Eu de reunir os fatos da experiência "dentro de sua própria e atual experiência temporal e do controle onipotente agora" (WINNICOTT, 1963, p. 73) será traduzida na dificuldade vivenciada pelo sujeito em sentir-se protagonista da própria história. Para descrever uma trajetória que se possa sentir como pessoal, é preciso, antes de tudo, localizar-se em um ponto de partida. Mas como fazê-lo se o sujeito não estava lá para experimentar plenamente o que com ele se deu?

O sentimento de ser um observador externo da própria vida corresponde às configurações psíquicas em que a parcela dissociada da personalidade se mostra maior do que aquela que pôde ser integrada ao Eu, já que, nesse caso, ficaram bloqueadas as experiências inaugurais da possibilidade de afirmação de si mesmo, comprometendo a capacidade para um contato mais genuíno do sujeito com o mundo.

Como veremos adiante em nossa discussão sobre o "complexo da mãe morta", é preciso considerar que o Eu frágil da criança desinvestida passa a desacreditar de sua presença efetiva no universo humano. Dado que é incapaz de produzir no agente de cuidados qualquer tipo de excitação, e tendo em vista o processo de constituição de sua identidade numa relação ainda especular, de seu ponto de vista, tudo se passa como se ela, de fato, não existisse. Não existindo, seu gesto perde sentido, ela está impossibilitada de criar algo e, portanto, de *fazer* sua história.

Em *A mãe morta*, Green (1980) descreve uma conjuntura em que a história apagada, não acontecida, reflete a identificação do Eu com a mãe morta, com quem o sujeito se deparou no início de sua vida. Ausente do ponto de vista emocional, ela não pôde viver com seu filho uma *experiência compartilhada*. Dessa perspectiva, podemos dizer que, antes do bebê, foi ela quem não esteve lá para lhe proporcionar uma verdadeira experiência, libidinizando-o e provendo as condições para que este pudesse sentir sua existência como real a partir dos investimentos a ele dirigidos. Em 1975, porém, já observava o autor:

> *O desinvestimento radical também afeta o tempo através de uma capacidade espantosa para suspender a experiência (muito além da repressão) e para criar "momentos mortos" em que nenhuma simbolização pode ocorrer (ver a "forclusão" de Lacan, 1966)* (GREEN, 1975/2005, p. 56, tradução nossa).

Recuperemos, neste ponto, a importante passagem de *A localização da experiência cultural*, em que Winnicott discute o modo com que falhas graves nas atividades de cuidado impedem o bebê de iniciar um uso simbólico dos objetos, adentrando a área dos fenômenos transicionais:

> *Talvez valha a pena tentar formular isto de uma forma que dê ao fator temporal seu devido peso. O sentimento da existência da mãe dura x minutos. Se a mãe fica ausente por mais de x minutos, então sua imago some e, juntamente com ela, a capacidade do bebê de usar um símbolo de união. O bebê está angustiado, mas essa an-*

gústia é logo reparada porque a mãe retorna em x + y minutos. Em x + y minutos o bebê não ficou alterado. Mas em x + y + z minutos o bebê ficou traumatizado. Em x + y + z minutos o retorno da mãe não repara o estado alterado do bebê. Trauma implica que o bebê experienciou uma ruptura do que possa configurar, na ocasião, uma continuidade pessoal de existência.

[...] Após se "recuperar" de x + y + z de privação, o bebê tem de começar de novo, permanentemente privado da raiz que poderia prover continuidade com iniciação pessoal. Isso implica a existência de um sistema de memória e de uma organização de lembranças (WINNICOTT, 1967, p. 97, grifos no original, tradução nossa).[6]

Na trilha do que vimos discutindo, deve-se levar em conta que o bebê submetido a um período x + y + z de privação passa a desacreditar da existência da mãe tanto quanto de si mesmo. Na medida em que seus apelos não encontram resposta, ele perde a esperança de se comunicar e, com ela, os rudimentos do sentido de si como alguém capaz de "dizer" algo em nome próprio.

Além disso, a impossibilidade de vivenciar a experiência de começo e fim impõe ao sujeito o sentido de *eternidade*, colocando a

---

6 Um belo exemplo de uma comunicação feita, na transferência, da experiência precoce de uma espera que ultrapassou as capacidades de metabolização do psiquismo infantil me foi dado por um inteligente paciente de dez anos quando, no retorno de minhas férias, disse a ele: "Olá, como você está? Como passou neste tempo em que não nos vimos?", ao que ele respondeu desferindo um rápido chute em minha perna. Diante disso, reagi: "Ei, rapaz!! O que é isso??" Um desconto – retrucou – já que o preço atual você não ia poder pagar". Eis aí uma bela caracterização do trauma como uma experiência que é sempre da ordem do "impagável" ou irreparável.

situação traumática fora do registro temporal. Essa seria a forma radical do extemporâneo a que Figueiredo se refere. Nesse sentido, o trauma produz, além de um efeito "des-historicizante", um efeito totalizante: isto não *está* assim. É assim. Essa é *a* realidade, em oposição ao que deveria ser *uma* realidade.

O bebê confrontado a uma quantidade x + y + z de privação teve esgotados os recursos que lhe permitiriam confiar em um símbolo de união com a mãe. Assim, ele não se vê mais em meio a uma *situação* de pânico, que resguardaria ainda alguma expectativa de salvamento, mas, sim, a uma *condição existencial* contra a qual todos os esforços são inúteis. De acordo com Roussillon, esses estados traumáticos são experiências de tensão e desprazer sem representação e sem saída, os quais implicam um desespero existencial e uma "vergonha de ser" (2011, p. 12, tradução nossa) que ameaçam a existência da subjetividade e da organização psíquica. O sujeito se sente culpado e responsável de não ter podido fazer face àquilo com que se confrontou,

> *arrisca-se a "morrer de vergonha" pela ferida identitária-narcísica primária que lhe infringe a situação traumática. A subjetividade é confrontada ao que proponho chamar, depois de B. Bettelheim, uma "situação extrema" da subjetividade* (ROUSSILLON, 2011, p. 12).

Se, entre as causas possíveis de meu insucesso ao longo da vida, não encontro nada em que possa reconhecer minha participação – já que, em consequência da situação traumática, tais sujeitos não conseguirão "estar lá" em praticamente qualquer dos momentos de sua trajetória –, recorro, para explicá-lo, a algo que me transcende: um cruel destino ou maldição, coisas que possuem uma determinação totalmente alheia a mim. Curioso é que, mesmo nesse mito, a que o sujeito recorre como última alternativa para explicar o que lhe parece inexplicável, podemos ouvir o relato fidedigno que ele é capaz de nos fornecer sobre sua história: trata-se de um bebê que não pôde viver a ilusão de que criava o mundo em que vivia, tendo de se aperceber muito precocemente de sua fragilidade e impotência, subordinado que estava aos ditames dos Deuses num universo absolutamente refratário à sua intervenção, do qual se sente, por isso mesmo, totalmente refém.

Dilacerado pelo trauma, o sujeito terminou por deixar no meio do caminho as partes não vividas de sua história. Des-assujeitado pela situação traumática, coadjuvante, até então, no enredo da própria vida, ele corre o risco de sucumbir à tentadora ilusão de "começar do zero", fingindo, e por fim acreditando, que nada daquilo efetivamente aconteceu. Nesse caso, ele desistiu de reencontrar o "estado temido e, ao mesmo tempo, compulsivamente buscado" (WINNICOTT, 1963, p. 73) de seu passado para que pudesse, enfim, terminar de acontecer, cedendo agora a uma radical dissociação de sua personalidade. Nessa condição, a história pessoal será tratada como um disco velho de conteúdo inútil por cima do qual alguma outra coisa precisará ser gravada, algo que possa eliminar totalmente os ruídos do que não faz mais (ou nunca fez) qualquer sentido para o sujeito, que não percebeu estar realizando, assim, sua automutilação.

Em tais casos, a subjetividade tende a agarrar-se ao porvir como única forma de se proteger da memória do que, de seu ponto de vista, jamais poderia ter acontecido (tanto em termos do possível quanto do aceitável). Aos que se veem de tal modo desconectados da própria história, só resta viver apoiados numa espécie de *projeto de si*, intimamente ligado à "memória do que deveria ter sido"⁷. Dessa forma, o indivíduo procura sustentar uma ilusão de independência suspenso por um desenraizamento de suas origens, o que irá acarretar falhas graves em suas capacidades relacionais já que, "em lugar de uma integração da estrutura do ego, ocorrem, intrapsiquicamente, múltiplas dissociações" (KHAN, 1964, p. 82).

Na medida, porém, em que o Eu foi expulso de si mesmo por uma invasão interna (ainda que seja a invasão por um imenso vazio) torna-se necessário "colocar a sombra do objeto para fora, a fim de que o sujeito se reabite" (ROUSSILLON, 2013, p. 119, tradução nossa). Cremos que este princípio integra a "necessidade de lembrar", da análise clássica, à necessidade de vivenciar pela primeira vez o que conosco se deu, ligada aos traumatismos pré-psíquicos (ROUSSILLON, 2006). "Reabitar-me" equivale a perceber, de um lado, as posições por mim ocupadas nas cenas de minha história e, de outro, as deformidades por ela produzidas em meu Eu. Destaca-se aí a necessidade apontada por Winnicott de dizer ao sujeito que a tragédia temida já aconteceu, para que seja dimensionada como realidade pessoal (*minha* realidade, em vez de *a* realidade) e parcial (finita), podendo, enfim, ser atrelada a uma cadeia temporal.

A significação do trauma implica, portanto, o reconhecimento dos movimentos realizados pelo sujeito no interior de correntezas pelas quais se viu, até hoje, simplesmente arrastado. Ainda que estes tenham se reduzido a enrijecer os músculos e tapar os olhos em meio ao terremoto, a percepção de tais gestos, viabilizada pelo *testemunho* que deles faz o analista, significa a possibilidade

---

7   Eis o sentido que nos parece ilustrado pela idealização expressa no verso de Renato Russo na canção "Índios": "é só você que tem a cura pro meu vício de insistir nessa saudade que eu sinto de tudo o que eu ainda não vi".

de encontrar, finalmente, o *lugar próprio* a partir do qual tudo foi vivenciado. Diz Ferenczi:

> *A grande delicadeza e flexibilidade do analista trazem a consciência, ou à reconstrução, de certa forma* por efeito de contraste, *inúmeros eventos penosos da infância, até então inconscientes* (1934, p. 133, grifo nosso).

O contraste a que o autor se refere diz respeito à diferença, que se torna nítida para o paciente, entre a postura assumida pelo analista diante do seu sofrimento e a passividade que, no passado, caracterizou a atitude de seu ambiente perante esse mesmo sofrimento. Esse contraste é o que fará com que o sujeito vislumbre a verdade de sua posição em meio ao contexto traumático, e será o início da capacidade de admitir que, por menos que essa posição tenha sido reconhecida e que seus gritos tenham sido ouvidos pelo ambiente humano em redor, ele, de fato, esteve lá, em meio ao temporal.

Pensamos que a convicção que o paciente adquire a despeito da artificialidade da construção, à qual Freud se refere, diz respeito à conquista desse *sentimento de protagonismo* experimentado pelo sujeito que consegue, aos poucos, dar-se conta de sua participação na trama da própria história, retomando assim o "passo" em relação a ela. Para que isto se dê, a construção não precisa corresponder à história, mas deve, sem dúvida, mostrar-se *congruente* com ela.[8] Em outras palavras, embora seu conteúdo não precise

---

[8] A esse respeito, declara Green: "A construção nunca é livre. Ainda que não possa reivindicar objetividade, pode reivindicar uma conexão homóloga com o que foge à nossa compreensão, seja relativo ao presente ou ao passado. Ela é o seu próprio duplo" (GREEN, 1975/2005, p. 48, tradução nossa).

coincidir com o da história fatual, sua forma e tonalidade afetiva devem se encaixar aos restos do passado não vivido ou esquecido, completando-os nessa mesma medida e conferindo ou restituindo a eles a qualidade de experiências.

Green nos fornece um exemplo pessoal da fecunda experiência de encontrar pela primeira vez um sentido que é, apesar disso, redescoberto, quando descreve seu reencontro com *A interpretação dos sonhos* a partir do material clínico de seus pacientes. Ou seria o reencontro com o material de seus pacientes a partir de *A interpretação dos sonhos*? A questão é, obviamente, tautológica. Fato cabal é que o autor encontra a si mesmo na/pela ligação que foi capaz de estabelecer entre experiências que puderam, ali, ser percebidas como dois polos de sentido:

> *Conhecia estes sonhos [freudianos] de longa data, assim como os comentários que suscitaram. Ambos tinham se registrado em mim como traços mnêmicos significativos de algo que me parecia obscuramente importante, sem que soubesse muito bem como e por quê. Estes traços foram reinvestidos pelo discurso de certos analisandos que* num determinado momento, mas não antes, *pude escutar. Será esse discurso que me permitiu redescobrir a carta de Freud, será a criptomnésia dessas leituras que me tornou permeável às palavras de meus analisandos? [...] nada é mais misterioso que esse estatuto prévio de um sentido inscrito que permanece na psique à espera de sua revelação. Pois trata-se justamente de um "sentido", sem o que ele não poderia ter sido inscrito na psique. Mas esse sentido em suspenso só é verdadeiramente significativo quando é despertado por um reinvestimen-*

to que se dá num contexto muito diferente. Qual é este sentido? Um sentido perdido e reencontrado. Isso seria atribuir demais a essa estrutura pré-significativa, e seu reencontro é muito mais da ordem de um encontro. Talvez um sentido potencial ao qual só falta a experiência analítica – ou poética? – para se tornar um sentido verídico (GREEN, 1980, p. 272, grifo nosso).

No instante descrito, o sujeito encontra a si mesmo quando percebe que é *nele*, e em nenhum outro lugar, que a ponte se estabelece. Naquele momento, ele passa a existir enquanto veículo de um contato de si consigo mesmo. Desse modo, se faz mediador da comunicação entre momentos distintos da própria história.

E como qualificar essa experiência? Trata-se de uma "integração"? Um *"insight"*? Uma "lembrança"? Certamente, todas essas, e nenhuma somente. Importa apenas que, nesse momento, o sujeito percebe onde está. Ele está *em si mesmo*, um lugar precisamente posicionado entre o que recebe da tradição (Freud e sua obra prima) e o que com ela foi capaz de criar (sua própria clínica).

2.4 O ritmo pessoal e a "bio-lógica"

Entre as matrizes teóricas que buscam elucidar metapsicologicamente o problema dos traumatismos e clivagens psíquicas, cremos que uma das que tem demonstrado maior potência clínica é a que procura situá-los como efeito de um *desrespeito ao ritmo próprio do sujeito*. A rigor, toda uma série de teorias do traumatismo se deixam pensar em torno da noção de inadequação dos tempos (ROUSSILLON, 2006). As ideias ferenczianas de prematuração patológica e do "bebê sábio", por exemplo, têm por base a ocorrência de um contato precoce com uma complexidade psíquica (parental ou familiar) ainda impossível de ser metabolizada pelo aparelho mental infantil, que se vê invadido por uma hiperlucidez enlouquecedora. Assim, também, a teoria da sedução de Laplanche (1988) pode ser abordada a partir da eliminação da distância temporal e estrutural que separa a sexualidade adulta e a sexualidade infantil. A dor ocasionada em tais situações pode ser entendida como uma consequência da introdução forçada de algo em meio ao ritmo natural da maturação do sujeito, acarretando um fenômeno de dessubjetivação e produzindo uma confusão interna.

Segundo Roussillon, autor que talvez se apresente como principal defensor contemporâneo dessa tese, o desrespeito ao ritmo próprio do sujeito pode constituir a quantidade (qualquer que seja, acima de um certo limiar) como uma *efração*, tendo por isso um efeito de desarticulação interna, enquanto o bom ritmo reconciliaria o psiquismo com a quantidade, permitindo ao Eu integrá-la.

Para o autor, não pode haver traumatismo sem que, num momento ou noutro, a intensidade da excitação não tenha efeitos de efração, ou seja, de violência que excedem as capacidades de ligação do aparelho psíquico naquele momento. O traumatismo não poderia ser, nele mesmo, nem quantitativo nem qualitativo, na medida em que seria caracterizado precisamente por uma desorganização das relações da força com o sentido, da quantidade com a qualidade. É a relação entre a intensidade e as capacidades de ligação e de organização das excitações que confere à quantidade um valor de efração ou, ao contrário, um valor estimulante do pensamento e da coesão psicossomática. Desse modo, é impossível distinguir uma abordagem "quantitativa" e outra "qualitativa" do traumatismo.

Para que as excitações ocorram em intensidade compatível com as capacidades de ligação do sujeito, produzindo efeitos integradores do Eu, ritmo interno, traço (mnemônico) interno e objeto externo devem coincidir, tendo como resultado uma experiência de *satisfação*. Embora este seja um aspecto frequentemente desconsiderado na teorização winnicottiana, reconhece-se nele um elemento central da experiência simultânea de encontro/criação do objeto, alicerçante da capacidade humana de simbolização.

A esse respeito, Roussillon sustenta, ao lado de Freud, que, se o objeto "encontrado" não é exatamente semelhante ao objeto criado, a criança irá buscar o traço de uma percepção periférica – o seio fortuitamente visto de perfil – para restabelecer o elo faltante que fará coincidir a experiência de satisfação passada e a percepção atual.

> *Lá onde Winnicott insiste na capacidade adaptativa da mãe "suficientemente boa" capaz de colocar o objeto no lugar e no momento em que a criança é capaz de criá--lo, Freud, por seu lado, sublinha a exigência de trabalho adaptativo da criança. Quem diz trabalho adaptativo da criança, diz experiência pulsional, o que sugere uma incidência nos processos transicionais descritos por Winnicott* (ROUSSILLON, 2006, p. 236).

Como sabemos, Winnicott insiste geralmente no caráter não pulsional das experiências que descreve. No entanto, questiona Roussillon, de onde viria o prazer obtido nas experiências transicionais se elas não tivessem componentes pulsionais? O autor se pergunta se, nesse sentido, Winnicott não estaria sendo prisioneiro de uma concepção da pulsão como ataque violentador. Entretanto, como dito, a experiência não será vivida como violentadora se a exigência de trabalho psíquico feita à criança não exceder suas capacidades de ligação. Certamente, a ocorrência ou não de uma harmonia suficiente entre ritmo interno, traço interno da experiência de satisfação e percepção exterior irá determinar o caráter satisfatório da experiência de criação/encontro do objeto muito mais do que a presença ou ausência de elementos pulsionais.

Num bom ritmo, os cuidados maternos aparecerão à criança como significantes da união simbiótica primária. Ao contrário, a desarmonia e a disritmia darão a ela ou a impressão de um mundo incontrolável (se tudo vem muito depressa) ou de um mundo desesperador (se tudo vem muito lentamente) e, em ambos os casos, implicarão uma experiência de submissão e aniquilamento da capacidade de satisfação.

Tais situações têm, frequentemente, origem em mães que encontram grande dificuldade em conceber e organizar para si mesmas uma diferença entre as capacidades do Eu adulto e do Eu infantil. Ainda mais específico é um tipo de mãe que não confia de modo algum nos processos evolutivos de seu filho – no funcionamento de seu corpo, de seus ritmos, de sua bio-lógica (ROUSSILLON, 2006) – e muito cedo tentam dominá-los por/em sistemas de coerção. O interior da criança, sobretudo o interior corporal, é por elas concebido como um mundo caótico, destituído de qualquer organização própria, que deve, por isso, ser dirigido e controlado de fora. Assim, tais mães pedem a seu filho que imitem seu próprio ritmo, seu próprio andamento, para contrainvestir essa fonte de excitação que, de outra forma, lhes parece incontrolável.

Incorporado, tal modo de relação induz o fantasma do corpo ou do Eu máquina, maquinado de fora, no qual nenhuma confiança é dada às autorregulações biológicas. Essas incorporações se verificam, segundo Roussillon, nos adultos:

> *grandes consumidores de medicamentos, nos quais todas as funções naturais são sempre como que induzidas ou*

apoiadas exteriormente por uma farmácia qualquer. Os mesmos traços verificam-se também nos toxicômanos da música, obrigados a domar de "fora" ritmos harmoniosos que contrainvestem uma vivência de caos ou de disritmia interna. Trata-se aqui de uma forma particular de invólucro ou de contentor sonoro utilizado como sistema "para-excitação" de prótese (2006, p. 238).

Se a pulsão se apoia nas funções corporais de autoconservação, o Eu, por sua vez, apoia-se na sensação, na percepção (intero e exteroceptiva) e no ritmo delas que marca a bio-lógica. A disritmia que caracteriza o encontro entre o bebê e sua mãe, bem como as fantasias desta que equivalem a um caos os processos biológicos de seu filho, desqualificam totalmente a percepção da criança a respeito de seu próprio mundo interno. Desse modo, elas se tornam impróprias a informá-la acerca das futuras satisfações ou insatisfações.

Autopercepção de si, autoexperiência são assim desinvestidas ou pouco investidas, em proveito de um hiperinvestimento da vigilância ao ambiente e suas características. É a matriz da autorrepresentação de si e de seus processos internos, também a do afeto – que possui ele também, seu "período" próprio – que se vêm assim obstruídos a montante mesmo de sua constituição (2006, p. 239).

Com isso, tais crianças se tornam particularmente frágeis às variações quantitativas, na medida em que seu sistema de regulação interna – de ligação e de organização tópica – é pouco desenvolvido. Toda quantidade tende, assim, a tornar-se violentadora, menos por sua intensidade do que pela insuficiência das capacidades de tratamento interno do sujeito.

Em termos gerais, o aparelho psíquico se apoiará, por isso, menos no corpo e na experiência do que no que se apresenta como imperativos externos. Está preparado, assim, diz Roussillon, "o lugar para um futuro sobre-investimento da ideologia, dos pensamentos 'prontos', conformistas, ou qualquer sistema de suprimento aos referenciais internos" (2006, p. 239).

A capacidade de aceitar uma espera, uma latência, que não sejam vividas como submissão aniquiladora, se apoia na organização e na aceitação interna de um tempo rítmico, isto é, de um tempo do *retorno diferido do mesmo* (ROUSSILLON, 2006). Trata-se de uma forma intermediária entre a compulsão à repetição ou o automatismo de repetição e a organização de um tempo cronologicamente orientado. De um lado, essa capacidade representa o tempo necessário para que uma organização e uma apropriação suficientes do trajeto pulsional possam ocorrer. De outro, marca o limite do que é apropriável sem desorganização (poderíamos dizer, sem colapso).

Freud sublinhou diversas vezes que o primeiro confronto da criança com a diferença dos sexos não terá um caráter traumático se ela for capaz de introduzir nesta alguma dimensão temporal. "Isto crescerá mais tarde" parece ser a figura típica de seu primeiro movimento de adaptação. Nesse plano, um tal movimento não tem o caráter de uma denegação da diferença do sexos; ao contrário, permite que a percepção seja aceitável. Esse recurso testemunha a instauração de um "princípio de temporalidade cíclica derivado da ritmicidade" (ROUSSILLON, 2006, p. 245).

É quando essa retomada, já secundarizada, da percepção não é mais possível nem "teorizável" que uma ameaça de clivagem do Eu surge. O Eu é, então, confrontado muito cedo à questão de uma diferença radical, num momento em que esta não pode ter para ele um sentido estruturador. A percepção adquire, por isso, o valor de uma ameaça incondicional de colapso de sua organização.

O que está aí em jogo, portanto, é a organização de um compromisso suficientemente tranquilizador para o sujeito. Seu operador principal é a identificação a um cuidador capaz de esperar passivamente, sem retirada nem retorção, que chegue "o momento", ou seja, um cuidador capaz de esperar o "bom momento".

Essa identificação, porém, não pode se efetuar sem precondições internas. É o ritmo próprio da criança, o respeito de seu tempo, que vem sustentar a apropriação do tempo pessoal de elaboração das excitações. No contexto do desenvolvimento inicial, pode-se dizer que, num ritmo desenfreado, a criança se sentira despossuída, liquefeita, inconsistente, exposta a angústias de esvaziamento que poderá então voltar para si mesma numa defesa paradoxal em vez de as refletir. Num ritmo muito lento, a experiência perderá seu sentido, seu valor, mobilizando uma angústia de perda de objeto e de abandono. Nos dois casos, o objeto não sobrevive à espera e às atividades autoeróticas, que são então culpabilizadas e sentidas como perigosas para o objeto exterior e o objeto interior.

O ritmo suficientemente bom, ao contrário, permitirá à criança constituir-se como fonte da excitação pulsional, e lhe dará o tempo de localizar e organizar esta. Para sentir-se plenamente sujeito do que a habita e a toma, a criança tem necessidade de que seu ambiente seja capaz de esperar que seu trabalho de filtragem, de integração e trânsito interno tenha avançado suficientemente para nele poder reconhecer-se e marcar seu traço próprio.[9]

---

9   É fundamental observar que uma tal concepção recusa-se a considerar a pulsão e as fontes pulsionais como coisas em si, biologicamente determinadas. Embora se possa assumir as zonas corporais de excitação como biologicamente determinadas, a organização destas em pulsões psíquicas depende das experiências inter-relacionais e intrapsíquicas de apoio.

3. João, o herói abandonado

Meu primeiro contato com João, um simpático garotinho de dez anos, aconteceu na calçada em frente ao meu consultório. Cinco minutos atrasado para o encontro combinado entre mim e sua avó, cheguei pedindo desculpas a ela, João e sua mãe, que me aguardavam recostados à porta. Antes mesmo que eu pudesse cumprimentá-lo, o menino interveio sorrindo: "*Imagine, não tem problema!*".

Este era o momento agendado para que eu tivesse meu primeiro diálogo com a criança, após já ter realizado entrevistas com seu avô e avó, com quem morava, sua mãe e, por fim, seu pai, separado da última. Todos haviam concordado com a ideia de levar João a um terapeuta, aparentemente em razão de agressões físicas ocorridas contra colegas da escola e, principalmente, contra seu irmão, de três anos.

Da sala de espera, convidei João para subir ao consultório, em que havia disposto diversos brinquedos, tintas, papéis e uma grande caixa de papelão. Entrando na sala, ele ignorou todos esses materiais, contornando-os e indo direto ao divã. Olhando para o seu rosto, a primeira pergunta que fiz ao garoto foi o que ele havia achado ou sentido quando lhe disseram que iria ver um psicólogo. "*Fiquei emocionado*", respondeu.

Nessa primeira conversa (literalmente), o menino afirmou que me haviam procurado porque ele batia em seu irmão, e que não sabia dizer por que o fazia. Um instante depois, pensando melhor, corrigiu: "*na verdade, o que me deixa nervoso é pegarem as minhas coisas sem autorização. Sem autorização*", ressaltou com o dedo em riste.

A mãe de João me expôs que a relação com o pai havia sido extremamente conturbada, terminando quando ele tinha pouco mais de um ano, por brigas frequentes ligadas, para ela, a ciúmes e um sentimento de grande desatenção da parte do ex-namorado, ou marido. A partir da separação, Márcia (mãe) voltou a morar com seus pais, levando João consigo. Segundo ela, em seus primeiros anos de vida, os cuidados do filho haviam sido deixados essencialmente a cargo dos avós, o que fez com que fosse muito criticada pelos mesmos e por sua irmã, que também morava com os pais, era separada, e tinha uma filha de idade próxima à de João. Márcia assumia que, durante esse período, temia enterrar sua juventude por conta da maternidade, razão pela qual "ia para a balada", mesmo durante a semana, deixando João com os avós e arcando com o julgamento da família sobre esse comportamento. Márcia era uma mulher com sinais de uma bipolaridade importante.

Quando João estava com seis anos, Márcia se descobre grávida do namorado, o qual residia fora de São Paulo. A partir daí, toma a decisão de sair da casa dos pais para novamente tentar formar uma família. O pai de João, solteiro e gerente de casas noturnas, dizia levar uma vida que não se compatibilizava com a presença do filho em sua casa por mais de dois dias na semana. Nesse momento, mãe e avós se reúnem ao redor do menino, colocando para ele a terrível questão: "*João, a mamãe vai morar com o Gustavo (namorado). Você quer ir comigo ou ficar aqui com a vovó?*".

Pelo modo como o fato me foi relatado, tive a forte impressão de que a pergunta havia sido colocada para o garoto de forma tendenciosa, pedindo, nas entrelinhas, para que ele aceitasse ficar com a avó, o que pouparia esforços para Márcia. Esta, porém, me havia dito: "*tive medo de cometer um segundo erro, de sair 'pior a emenda do que o soneto' levando ele comigo, pois fui eu quem o levei para morar com os avós, permitindo que se apegasse a eles e, por isso, naquele momento, não soube o que seria melhor, entende?*". Entretanto, pareceu-me, também, que a presença de João na nova família prejudicaria o ideal de Márcia de "começar do zero". O filho mais velho tinha, infelizmente, para a mãe, um significado muito misturado a um passado que ela queria de todo modo esquecer. Em nossa primeira conversa, inclusive, ela claramente evitou entrar em detalhes acerca do histórico da relação com o pai de João.

A resposta da criança foi, enfim, tão inteligente (tendo em vista que tinha seis anos) quanto onipotente, sofisticadamente defensiva: "*Fico na vovó. Assim, a partir de agora, terei três casas: a da vovó, a da mamãe e a do papai*".

O resultado não teria sido tão trágico, a meu ver, se a partir daí os avós de fato tivessem assumido a tarefa, o que, afetivamente, não ocorreu. Ficaram com João, mas, diante da menor má criação do menino, corriam para despejar censuras sobre a moral de Márcia ao telefone. Pude verificar que os avós não se viam verdadeiramente implicados na criação do menino, já que, no lugar da frustração depressiva que poderia ocorrer por problemas ligados ao seu desenvolvimento, experimentavam primordialmente um ódio direcionado a Márcia, que "não soube arcar com suas responsabilidades", diziam. Embora com três casas, João era uma criança claramente abandonada.

O efeito não poderia ter sido outro: João não respeitava ninguém. Descumpria ordens sobre alimentação (era obeso), horário de sono, tempo no vídeo game, e distribuía insultos gritando a qualquer um que o repreendesse: "*você não manda em mim!*". Para não dizer que não respeitava nada em sua casa, parece-me que temia a cinta do avô.

Nas primeiras sessões, João se manteve distante dos brinquedos e materiais gráficos. Conversávamos. Contava-me sobre a escola, sobre o que havia feito no fim de semana (sua sessão acontecia às segundas-feiras). Certa vez, entrou na sala fazendo algum comentário sobre fuscas, associando a partir de fotos de uma revista que vira na sala de espera. Disse que seu avô colecionava miniaturas de fuscas, que estes eram da Volkswagen, e que tinham sido usados na guerra, no exército de Hitler. Contou-me, então, sobre um dia em que foi com o pai ao *shopping* com o propósito de comprarem seu presente de aniversário. Seu pai disse a ele que poderiam ir à loja que escolhesse. João escolheu uma livraria e pediu ao pai que comprasse uma biografia de Hitler, com a qual havia se deparado numa das estantes. Confuso (o pai já havia me contato essa história), Pedro (pai) se recusou, dizendo que o livro tratava de algo que ele ainda não havia aprendido na escola. João escolhe, então, *O Diário de um Banana*.

Nessa ocasião, indaguei João acerca de seu interesse por Hitler, perguntando o que sabia sobre ele, ao que respondeu dizendo que Hitler era um homem que havia matado milhões de judeus. Supus que houvesse aí uma condensação de elementos agressivos e onipotentes, com os quais João fazia uma identificação na busca por uma autoimagem que substituísse a do "banana" abandonado e impotente. *Um* homem que "matou *milhões* de judeus".

Não era incomum João me contar sonhos. Havia um recorrente, em que se via num planeta vermelho, "devia ser marte", dizia, em meio a exércitos de homens sem rosto que de repente se encontravam e começavam a guerrear. Outro, também recorrente, era o de se ver sobre uma cama de hospital, sangrando à beira da morte. Assustei-me, e Ferenczi talvez tenha se remexido na tumba quando, a partir daí, o menino confessa: "*sabe, acho que eu nunca fui um bebê*".

Ora, no sonho do planeta vermelho, os soldados não têm rosto; a guerra não tem origem nem motivo, ninguém sabe o que a desencadeou; os exércitos não possuem qualquer marca que os diferencie e, no entanto, há uma guerra. Tais nos parecem signos interessantes de um desencontro de si consigo próprio, os quais trazem a marca pronunciada de um vazio de sentido.

Eu observava que, em meio a nossos diálogos, João dava claros sinais de ansiedade, estralando os dedos, remexendo-se, sentado no divã ou na poltrona em frente a mim. Alguma coisa, evidentemente, parecia querer eclodir. Isto se deu até que, numa de nossas conversas, em torno do segundo ou terceiro mês em que estávamos nos encontrando, João pergunta: "*você já brincou de 'e se'*"? "Não", respondi. "Como se brinca de 'e se'"? "É assim, por exemplo: e se você estivesse preso numa caverna e tivesse uma bomba?" "Bem, eu tentaria me colocar embaixo de rochas muito fortes para me proteger." "*Não dá pra se proteger*", disse. "É a bomba atômica." "Bom, nesse caso... tentaria cavar um buraco bem fundo na caverna, criar um abrigo antibomba." "*Não dá*", dizia João. "*A caverna é toda cercada de pedras e não tem como cavar buraco.*" A partir daí, o garoto ia criando para mim uma infinidade de situações de risco iminente de morte, absolutamente intransponíveis, nas quais eu me via completamente paralisado. Isso se repetiu até que, numa dessas situações, uma personagem criada por ele aparece e me oferece uma alternativa. "*Você descobriu que ali tinha outro homem, e que ele tinha um mapa.*" Meu salvamento, contudo, tinha uma condição: eu deveria me submeter irrestritamente a esse homem, fazer tudo o que ele mandasse, jamais questionar sua autoridade.

Esse padrão se manteve em meio às histórias mais "estrambólicas" que se possa imaginar. Desde então, até o último dia em que nos vimos, passávamos nossas sessões criando narrativas de extraordinárias aventuras, em que a personagem interpretada por João mostrava-se possuidora de poderes ilimitados, capazes de derrotar um exército inteiro, salvar sua família de situações incontornáveis. Tais personagens, contudo, tinham sempre características extremamente agressivas e ameaçadoras. "Meter-se" com elas significava assinar a própria sentença de morte, ou, no mínimo, ficar aleijado, desprovido de algum membro. Diga-se de passagem, João era adorador de filmes americanos sobre gangues nova-iorquinas das décadas de 1960 ou 1970, sabendo inclusive o nome dos atores, dos quais eu jamais tinha ouvido falar.

Diante de tais materiais, recordei a afirmação de Green de que os buracos psíquicos decorrentes de uma situação de abandono afetivo tendem a ser preenchidos por expressões da destrutividade liberada pelo enfraquecimento do vínculo libidinal erótico produzido pela "mãe morta" (GREEN, 1980). No caso de João, percebe-se o transbordamento de uma agressividade desenfreada, sem continente, fortemente atrelada ao jorro de uma atividade imaginativa sem limites (as histórias não tinham fim, emendando-se umas nas outras a despeito da troca constante de papéis e personagens).

Os diversos heróis criados por João em suas histórias buscavam o salvamento de sua personalidade humilhada, desamparada, abandonada em estado agonizante. Afirma Ferenczi: "o homem abandonado pelos deuses escapa totalmente à realidade e cria para si um outro mundo, no qual, liberto da gravidade terrestre, pode alcançar tudo o que quiser" (1934, p. 134). No entanto, seu ódio reativo está desde sempre amalgamado à sua tão precária identidade. Apesar de herói em suas aventuras, João julga-se mau. Nessa força má, da qual Hitler, homem que matou milhões de judeus, se faz ótimo representante, João parecia buscar o poder necessário para se sobrepor à brutalidade do desinvestimento amoroso vivido.

Àquela altura, finalmente, passei a ter a sensação de estar empreendendo a análise de uma criança. Usávamos e abusávamos dos materiais lúdicos: espadas, bolas que viravam bombas, carrinhos que escalavam obstáculos e transportavam feridos. Ao final de quase todas as sessões, João corria ao banheiro para fazer cocô.

A partir daí, para minha grande frustração, João começou a faltar às sessões com frequência cada vez maior. Semana sim, semana não, duas semanas sim e uma não, eu recebia uma ligação da casa de sua avó dizendo que, por algum motivo, ele não poderia comparecer. Isso me produziu reverberações contratransferenciais pelas quais creio ter tido a oportunidade de experimentar o lugar de João na família: em português claro, sentia-me feito de idiota. Sua análise, que a cada sessão mostrava-se mais significativa para ele, estava sendo nitidamente boicotada, enquanto eu tinha que fingir que acreditava em justificativas estapafúrdias que me eram transmitidas por mensagens de voz (diversas vezes, quem deixava os recados em meu celular era a empregada doméstica da família), demonstrando o enorme descompromisso dos pais e avós com o que se mostrasse importante para o garoto.

Quando João retornava, impressionava-me o fato de que, mesmo após semanas sem nos encontrar, ele se lembrava exatamente de onde nossa história havia sido interrompida (eu fazia anotações para não esquecer a ordem dos "capítulos"), e recomeçávamos a sessão do momento exato em que nossa aventura fora descontinuada. Isso mostrava a criança tentando se agarrar à mínima chance oferecida para salvar sua personalidade, à semelhança de um náufrago chegando ao limite de seus esforços para se manter apoiado sobre uma prancha de madeira que porventura tenha encontrado em alto mar.

Infelizmente, a análise de João foi interrompida sem justificativas. Depois disso, ao longo de mais ou menos um ano, recebi duas ligações de sua avó, pedindo orientações e indicações de atendimento psicoterápico para a mãe de João que, então na terceira gravidez, mostrava-se seriamente transtornada. Ofereci os contatos de dois colegas que, pelo que soube, não foram procurados. Ao fim do último contato, em outubro de 2012, pedi que um abraço fosse mandado a João, ao que sua avó respondeu afirmando: "Ah, mas ano que vem ele volta para a terapia, viu!? Nós vamos te ligar!".

Estávamos, assim, João e eu, juntos em nosso abandono e impotência, à espera do que sabíamos que jamais viria.

4. O efeito autoalienante do trauma: o sujeito fora de si

4.1 Bebês sábios, sujeitos esvaziados

Na história da psicanálise, Sandor Ferenczi foi, sem dúvida, um dos autores que com mais veemência apontou a grave e frequente cegueira dos adultos a respeito da extrema sensibilidade infantil. Especialmente em sua produção da década de trinta, Ferenczi deu grande relevo ao fato de que, esquecendo-se de sua própria infância, era comum que os pais se comportassem, na presença dos filhos, como se eles nada pensassem ou sentissem diante de cenas a que assistiam ou, por vezes, de injustiças de que se tornavam alvo.

Juntamente a isso, a atenção ferencziana esteve, também, amplamente voltada para os graves efeitos do uso da hipocrisia no contato com um indivíduo ainda em formação. O homem, dizia o autor, é o único ser vivo que mente, fato que dificulta enormemente o trabalho de adaptação da criança ao seu meio circundante.

Ainda hoje, o universo das experiências infantis é, não raro, tratado pelos adultos como mero preâmbulo da existência "de fato", um intervalo da vida cujo término, supõe-se, virá a abrir espaço no espírito do sujeito a interesses sérios e dignos de verdadeira preocupação. A esse respeito, afirma o escritor alemão Hermann Hesse:

> *O adulto, que aprendeu a converter em conceitos uma parte de seu sentimento, menospreza tais conceitos na criança e termina por opinar que não existiram também os sentimentos que lhes deram origem* (1925, p. 54).

Tal situação prepara à criança uma espécie de armadilha. As primeiras opiniões formadas por ela são, de fato, as suas: doces são bons, brigas são ruins. No entanto, ela aos poucos se defronta com toda uma série de opiniões diferentes, profundamente enraizadas nos espíritos dos adultos em seu redor, que invalidam inteiramente sua percepção dos fatos: os doces são ruins, ser educado é bom. Assim, diz Ferenczi,

> *sua vivência pessoal efetiva, agradável ou desagradável, opõe-se às diretrizes das pessoas encarregadas de sua educação, pessoas a quem ama profundamente, apesar de suas opiniões manifestamente errôneas, e das quais depende também no plano físico. Por amor a essas pessoas [e por sua dependência em relação a elas], deve adaptar-se a esse novo e difícil código* (1928, p. 12).

Boa parte da obra ferencziana é dedicada à denúncia, direta ou indireta, dos resultados potencialmente trágicos de tais atitudes no campo da educação infantil, seja no âmbito familiar ou escolar. O mito da infância como mero *"playground"* de experiências efêmeras e a suposição de um efeito naturalmente deletério do crescimento, que se traduzem na ideia comum de que "ele (a) é apenas uma criança, ainda não sabe das coisas e sequer se lembrará de tudo isso mais tarde", deram licença, ao longo da história, às mais variadas formas de abuso e desrespeito contra o ser humano situado ainda no início de sua trajetória.

Para Ferenczi, uma das consequências mais nocivas desse estado de coisas encontra-se na indiferença muito comum dos pais diante do sofrimento dos filhos e, pior do que isso, no pleno des-reconhecimento de sua participação na origem desse sofrimento. A isso o autor atribui o fato de que, quando reativados pelo tratamento analítico, os traumatismos infantis patogênicos pareciam ter uma estrutura bifásica:

> *Na primeira fase, parece que o bebê ou a criança foram submetidos a uma hiper ou uma hipoestimulação por parte de seu meio, ou seja, por parte de um ou outro de seus objetos adultos mais importantes. Quando, na segunda fase, a criança tentava obter reparação, reconforto ou simplesmente compreensão por parte desses mesmos adultos, estes – sob a pressão de seus próprios sentimentos de culpa inconscientes ou conscientes – eram levados a negar toda participação na fase precedente e a manifestar por suas falas e por seu comportamento que não sabiam o sentido de toda essa agitação ou, para usar a nossa terminologia, ao serem extremamente objetivos e benevolentes, manifestavam com clareza não sentir-se implicados* (BALINT, 1967, p. 20).

Em diversas ocasiões, afirma Balint, Ferenczi teve de admitir diante de seus pacientes que, desde a repetição dos eventos traumáticos até sua retomada pela consciência, todo o processo transcorria de modo muito semelhante, em sua estrutura, ao traumatismo original. Diante disso, mesmo a técnica analítica poderia, em certos casos, produzir estados semelhantes, "na medida em que levava o paciente a rememorar ou a repetir o traumatismo original enquanto o analista mantinha sua passividade benevolente e objetiva" (BALINT, 1967, p. 21).

Durante a repetição dos choques traumáticos favorecida pela regressão analítica, se um cuidado e uma compreensão genuínos viessem a faltar da parte do analista, o paciente se via sozinho e abandonado na mais profunda aflição, ou seja, na mesma situação insuportável que, num certo momento, o conduziu à clivagem psíquica e, por fim, à doença. Se se mantém, nesse plano, uma atitude fria e pedagógica, diz Ferenczi, quebramos o último vínculo que nos liga ao paciente. Em última instância, isto significa a quebra na esperança de seu reencontro consigo mesmo e com os fragmentos de si que ficaram perdidos após a experiência traumática.

Para o psicanalista húngaro, "o 'choque' é equivalente à aniquilação do sentimento de si, da capacidade de resistir, agir e pensar com vistas à defesa do Si mesmo" (FERENCZI, 1934, p. 125). O grande desprazer que sobrevém sem preparação age, por assim dizer, como um anestésico. Isso se produz pela suspensão de toda espécie de atividade psíquica (os "momentos mortos" de que nos fala Green), somada a um estado de passividade desprovido de toda e qualquer resistência. Essa paralisia inclui a suspensão da percepção, bem como a do pensamento e, portanto, de toda a *espontaneidade*.

A consequência mais imediata do traumatismo é a angústia, que consiste num sentimento de incapacidade para adaptar-se à situação de desprazer. Se o salvamento não chega e mesmo sua esperança parece excluída, torna-se necessária uma válvula de escape.

Tal possibilidade, diz Ferenczi, é oferecida pela autodestruição, a qual, enquanto fator que liberta da angústia, será preferida ao sofrimento mudo: "o mais fácil de destruir em nós é a consciência, a coesão das formações psíquicas numa entidade: é assim que nasce a *desorientação psíquica*" (1934, p. 127). A desorientação ajuda pela suspensão imediata da percepção mais ampla do mal: "não sofro mais, quando muito uma parte de mim". Nos termos de Roussillon, trata-se de uma modalidade defensiva que opera por *corte ou retirada da subjetividade*, e não somente por retirada ou subtração da representação ou recalque do afeto. Em sintonia com o pensamento de Ferenczi, afirma o autor que, para sobreviver,

> *o sujeito se retira da experiência traumática primária, ele se retira e se* corta *de sua subjetividade. Ele assegura, e este é o paradoxo, a sobrevivência psíquica se cortando de sua vida psíquica subjetiva. Ele não sente mais o estado traumático, ele não se sente mais onde ele está* (2011, p. 12, grifo no original, tradução nossa).

Em consequência disso, a personalidade se vê totalmente desprotegida.

Por bastante tempo, em meio às suas investigações clínicas, Ferenczi se viu intrigado com o fato de que a renúncia ao que chamou de *hipocrisia médica* parecia proporcionar ao paciente um extraordinário alívio. A chave desse alívio, evidentemente, só poderia estar localizada na admissão, operada no campo transferencial, da, por assim dizer, "hipocrisia adulta" que acabava por ser desvelada a partir da sinceridade do analista:

> *Na relação entre o médico e o paciente existia uma falta de sinceridade, algo que não tinha sido formulado, e o fato de lhe dar uma explicação soltava, de certo modo, a língua do paciente. Admitir um erro valia ao analista a confiança do analisando* (FERENCZI, 1933, p. 114).

A elucidação desse problema técnico abriu então a Ferenczi o acesso a um material escondido:

> *A situação analítica, essa fria reserva, a hipocrisia profissional e a antipatia a respeito do paciente que se dissimula por trás dela, e que o doente sente com todos os seus membros, não difere essencialmente do estado de coisas que outrora, ou seja, na infância, o fez adoecer* (1933, p. 114).

Crianças submetidas, seja à violência do abuso, seja à da extrema frieza e indiferença dos pais, que, diz o autor, seria o equivalente moderno do infanticídio, veem-se física e psiquicamente indefesas e sem a possibilidade de protestar, mesmo em pensamento, diante da força e da autoridade esmagadora dos adultos que a emudecem. Atingindo seu ponto culminante, a desesperança provocada pelo trauma "*obriga-as a submeter-se automaticamente à vontade do agressor, a adivinhar o menor de seus desejos, a obedecer esquecendo-se de si mesmas, e a identificar-se totalmente com o agressor*" (1933, p. 117).

No decorrer do transe traumático, a agressão deixa de existir enquanto realidade externa, e a criança consegue manter a situação de ternura anterior. Por identificação com o agressor ou, podemos dizer, por sua introjeção, este desaparece enquanto parte do mundo externo. Essa preservação do aspecto puramente positivo do objeto tem, no entanto, como uma de suas consequências, uma grave confusão mental.

Segundo Harold Searles, analista americano que se destacou, especialmente, por suas extraordinárias contribuições para o contato com a experiência esquizofrênica, a criança pode se identificar com um dos pais de modo primitivo, automático e indiscriminado, em parte como refúgio de uma hostilidade, mas também, como defesa inconsciente contra sentimentos profundamente ambivalentes que um deles, imprevisível e pobremente integrado, pôde nela produzir. Nesse caso, os pais não são introjetados como uma única entidade, mas como inumeráveis aspectos parciais. As várias imposições ou preconceitos superegoicos, paradoxais e conflitantes, formam núcleos duros dessas identificações primitivas. Tais introjeções, que cercam e invadem o Eu em desenvolvimento, acabam por dominar o seu funcionamento e, com isso, todo o campo de suas percepções. Assim,

a criança percebe, por assim dizer, muito pouco com os próprios olhos e ouvidos. Ao invés disso, ela vê – descrevendo estes fenômenos de forma muito simplista – com os olhos da mãe, e através dos diferentes olhos dos pais (SEARLES, 1966, p. 8).

Para Searles, a criança não pode construir percepções reais a não ser em um clima emocional seguro e confiável, no qual sabe onde está situada em relação a cada um dos pais; sabe o que é para eles, que é amada e aceita por cada um deles. Do contrário, ela não irá dispor de um sistema de referências confiável através do qual possa focar suas percepções. Em famílias gravemente adoecidas, há poucas trocas seguras e prazerosas de pensamentos entre os membros, de modo a deixar pouco tempo e segurança emocional "para que se possa sentir o peso das percepções antes de lhes impor alguma significação" (1966, p. 9). Se se reage a uma percepção que acabou de se formar de acordo com um preconceito emocional que apenas reafirma um padrão superegoico rígido, derivado da doutrinação parental, a criança é levada a sentir que o não saber, isto é, existir em um estado de incerteza e de procura por um sentido, significa ser louco.

Em famílias doentes, os filhos encontram-se, frequentemente, numa posição em que precisam escolher entre seu aparelho perceptivo e o dos pais. Sentem-se obrigados a aceitar a visão de mundo destes, ignorando os dados que lhe são trazidos por seus próprios olhos e ouvidos. Sem forças para confiar apenas em seu próprio aparato sensorial, não podem resistir à ameaça de que ficarão loucos caso aceitem as evidências que dele provém. Se não podem ter senão certezas, estão impossibilitados de pensar:

> *uma vez que seus modelos parentais recusam inconscientemente, ou são incapazes de lidar de modo significativo com as inúmeras percepções significativas, ela [a criança] acaba por desenvolver impedimentos estruturais para a percepção detalhada e realista de seu próprio mundo* (SEARLES, 1966, p. 9).

Nessas condições, o sujeito está destituído dos meios necessários para saber se o que percebe faz parte de seu mundo interno, da fantasia, ou se é parte do mundo externo e real, já que sua percepção do mundo e de si mesmo foi totalmente desqualificada pelos pais. Sem confiança no testemunho de seus próprios sentidos (FERENCZI, 1933), ele se torna tão ignorante e bestificado quanto se lhe pede que seja, convertendo-se "num ser que obedece mecanicamente, ou que se fixa numa atitude obstinada, mas não pode mais explicar as razões dessa atitude" (1933, p. 118). Chega-se, assim, a uma forma de personalidade feita unicamente de *id* e superego, a qual é incapaz de afirmar-se a partir de um ponto de vista próprio (FERENCZI, 1933).

Para Ferenczi, um exame detalhado dos processos de transe analítico ensina que não existe choque, nem pavor, sem um anúncio de clivagem da personalidade, já que, em tais situações, a tendência da personalidade é regredir a uma beatitude pré-traumática, que busca tornar o choque inexistente. Entretanto, nesse contexto, a clivagem pode se dar a partir de um outro mecanismo, caracterizado pela súbita e surpreendente eclosão de faculdades novas que surgem a partir do choque.

Isso nos faz pensar nos truques de prestidigitação dos faquires que, a partir de uma semente, fazem crescer, aparentemente, diante de nossos olhos, uma planta completa, com caule, folhas e flores (1933, p. 119).

Uma aflição extrema, somada a uma angústia de morte, parecem ter o poder de despertar de súbito disposições latentes, ainda não investidas, que, até então, aguardavam tranquilamente sua maturação. A criança gravemente agredida pode, de repente, sob a pressão da urgência traumática, manifestar condutas e emoções de um adulto maduro. Esta seria a face da moeda oposta à da regressão patológica e infantilizante, mobilizada, no entanto, pela mesma urgência de anulação da experiência traumática. Nesse caso, fala-se em progressão traumática ou em prematuração patológica (FERENCZI, 1933). "Pensa-se nos frutos que ficam maduros e saborosos depressa demais, quando o bico de um pássaro os fere, e na maturidade apressada de um fruto bichado." (1933, p. 119).

A presente discussão lembra-nos prontamente um garotinho de sete anos que tivemos a oportunidade de conhecer em um serviço de saúde, o qual nos foi encaminhado pelo conselho tutelar após denúncias de que teria sido vítima de grave violência por parte do pai. Exames físicos confirmaram a ocorrência das agressões, apontando sinais de verdadeiro espancamento. Na ocasião, dissemos à criança:

"Marcos, você sabe por que está aqui?"

"*Sim. Te disseram que meu pai me bate.*"

"E isso é verdade?"

"*É*" – ao que acrescentou em tom quase professoral e de forma surpreendentemente tranquila:

"*Mas, quando ele bate, é pra educar.*"

Pedimos então, ao garoto, com sinceridade e delicadeza, para que nos falasse sobre seu pai. Diante disso, a criança claramente se "desarmou", sentindo-se autorizada a falar do pai numa acepção positiva. Passamos aí a falar sobre carros e sobre a oficina em que o pai trabalhava, dando vazão a uma verdadeira paixão que o menino parecia nutrir por ele. Ao final da conversa, Marcos nos fez o convite:

"*Leva o seu carro lá, garanto que vai ficar show!*"

Na obra de Ferenczi, a forma mais radical de prematuração patológica está ilustrada no "sonho típico do bebê sábio" que, por sua recorrência e pelos sentidos que condensa, torna-se para o autor um referencial metapsicológico fundamental. Nele,

> *um recém-nascido, uma criança ainda no berço, põe-se subitamente a falar e até a mostrar sabedoria a toda família. O medo diante de adultos enfurecidos, de certo modo loucos, transforma por assim dizer a criança em psiquiatra; para proteger-se do perigo que representam os adultos sem controle, ela deve, em primeiro lugar, saber identificar-se por completo com eles. É incrível o que podemos realmente aprender com nossas "crianças sábias", os neuróticos* (FERENCZI, 1933, p. 120).

Contudo, se o que transforma a criança em psiquiatra é o "medo diante de adultos enfurecidos e de certo modo loucos", fica claro que esse "sonho típico" aponta para algo além da questão da prematuração patológica. Entra aí em jogo, também, a inversão da relação de cuidado que acaba ocorrendo no seio familiar devido à patologia que nele se aloja, fazendo com que a criança outorgue a si própria a tarefa de socorrer os pais em sua loucura.

Em Winnicott, isso será discutido nos termos de atividades reparatórias da criança que não se referem à sua culpa pessoal, isto é, não indicam o alcance da integração pessoal ligada à capacidade saudável para se preocupar, mas sim, uma identificação precoce com a depressão e angústia inconsciente dos pais. Não se trata, nesses casos, de atos positivos que testemunham um remorso, mas de um sacrifício da própria vitalidade no altar da mãe (GREEN, 1980). Segundo Winnicott, quando levadas a um médico, crianças nessa condição apresentam grande dificuldade para indicar a localização e a natureza de seu mal-estar: elas não conseguem decidir "onde dói". Para o autor, esse estado confusional seria uma espécie de hipocondria que traz, em sua raiz, a tentativa ansiosa de diagnosticar o motivo do padecimento dos pais:

> *Logo fica claro que tais crianças, nos casos mais graves, recebem uma tarefa que jamais poderão cumprir. Inicialmente, a tarefa consiste em lidar com o estado de espírito da mãe. Quando alcançam sucesso nessa tarefa imediata, na verdade conseguem apenas criar uma atmosfera na qual podem* começar a viver sua própria vida (WINNICOTT, 1948, p. 93, grifo nosso, tradução nossa).

A necessidade de socorrer os pais em seu sofrimento retira da criança a possibilidade de conquistar um lugar para existir. Nesse sentido, deve-se apontar, como característica nodal das formas de sofrimento que discutimos, a grande dificuldade para encontrar o que, em uma linguagem winnicottiana, chamaríamos de um lugar de repouso (WINNICOTT, 1967).

A rigor, pode-se afirmar que o bebê sábio de Ferenczi sofre, por assim dizer, de um *excesso de objetividade*, o qual é contrário a experiência de subjetividade, isto é, a um sentimento de existir. Evidentemente, alguém que teve de ser psiquiatra antes mesmo de ser um bebê não pode ocupar qualquer posição ontológica que não uma completa alienação em relação a si mesmo, a qual, paradoxalmente, é concomitante a uma lucidez tenebrosa a respeito da própria condição.

À luz de tais princípios, tem sido curioso observar em nossa atividade clínica o fato de que, frequentemente, quanto mais próximos os sujeitos se percebem dos elementos-chave de sua patologia, mais perdidos, egoístas e desautorizados a queixar-se de seu sofrimento se julgam, afirmando, por vezes, como nos disse certa vez uma jovem, que se sentem ridículos por gastar o tempo do analista com suas ninharias pessoais quando, de nossa parte, são visíveis tanto a intensidade do sofrimento quanto a gravidade da falta de sentido experimentados. Em situações como essa, o que primeiramente tem chamado nossa atenção é o sentimento de vazio ligado a uma impotência lancinante diante do que é percebido pelo paciente *tanto como parte de si mesmo quanto fora do próprio alcance.* Trata-se de fatores que demonstram afetar o sujeito na mesma proporção em que lhe parecem estranhos e, de certo modo, alheios.

Acreditamos que essa experiência de autoestranhamento remeta à internalização de algo que, pela precocidade com que se caracteriza, "não pode ser efetivamente introjetado, assimilado, e permanece um corpo estranho, dissociado" (FIGUEIREDO, 2009, p. 194). Em tais casos, elementos da patologia parental ou familiar parecem ter afetado o sujeito na própria medida em que fugiam ao seu alcance, abarcando uma dimensão muito maior que a do pedacinho simplificado do mundo (WINNICOTT, 1945) que a mãe saudável apresenta a seu bebê.

A consequência disso é, por vezes, o sentimento de que é inútil pedir ajuda e inteiramente egoísta almejar alguma melhora. Tratar-se-ia de uma dinâmica inconsciente que se poderia traduzir da seguinte forma: "quem sou eu para ter a ridícula intenção de transformar algo que escapa inteiramente e, ao mesmo tempo, do alto de sua grandeza, torna-me leviano ao intencionar um bem-estar diante de alguma coisa tão mais grave do que a minha dor"? Ocorre, no entanto, que isso que "escapa inteiramente" constitui um dos aspectos mais elementares do si-mesmo do sujeito.

No caso da paciente referida, por exemplo, as sessões demonstraram, pouco a pouco, a evidente ligação entre tal sentimento de futilidade e desperdício do tempo e energia do analista com sua posição familiar originária: ao engravidar de modo não planejado, sua mãe havia se visto obrigada a abdicar de sonhos e projetos estabelecidos na juventude, que se viam, então, inviabilizados pelas demandas tão enfadonhas quanto incontornáveis de um bebê recém-nascido. Provavelmente, a maternidade havia provocado naquela uma fratura de sentido existencial, restringido o propósito de sua vida ao desempenho das tarefas maternais. Herdeira da confusão materna traduzida em conformidade e apoiada sobre um sentimento profundo de inconclusão, a filha buscava, agora crescida, a ajuda de um terapeuta para entender se a faculdade que cursava contemplava ou não seus interesses; se a cidade em que residia atualmente era mais ou menos agradável do que sua cidade natal; se o amor que nutria pelo namorado justificava ou não tamanho comprometimento, vivenciando, assim, um sentimento de estar à deriva no mundo, como se se perguntasse: "Afinal, o que é que de fato vale a pena nesta vida?" – e como se tivesse a obrigação de dar à sua mãe uma resposta sobre por que havia feito as escolhas que fez, agora que era uma adulta e não podia mais oferecer àquela sua própria dependência para ajudá-la a ver sentido em sua vida.

Curiosamente, Winnicott declara:

> *Encontrei uma garota que havia carregado a depressão da mãe por toda a sua vida. Ao final de sua carreira de estudante, ela finalmente defrontou-se com o problema: a vida era sua ou da mãe? Consegui fazer com que a mãe confiasse em mim ao mesmo tempo em que, na rea-*

lidade, coloquei-me entre ela e a filha (1948, p. 93-94, tradução nossa).

Indivíduos posicionados de tal modo em relação ao estado emocional dos pais vivem, inconscientemente, sob a ameaça constante de que estes se apropriem de seu sucesso:

> *Muitos adolescentes, meninos e meninas, que parecem bastante capazes de realizar um trabalho bem-sucedido, inesperadamente entram em crise quando seu bom desempenho é roubado pela necessidade emocional de um dos pais, ou de ambos [nesse caso, dos pais internalizados]. Na tentativa do adolescente de estabelecer uma identidade pessoal, a única tentativa que lhe resta é através do fracasso* (1948, p. 93).

Quando um sujeito em tais condições procura análise, seria possível questionar: quem, afinal, pede ajuda para quem? O paciente pede ajuda para si? Pede ajuda para seus pais? Os pais pedem, através do filho, ajuda a seu analista para reparar as falhas de personalidade produzidas naquele por sua incapacidade? É muito claro que nenhuma dessas alternativas se exclui.

Uma vez, porém, que as fraturas ontológicas em jogo não podem ser situadas no intervalo de uma única vida, a saída do estado de perturbação que encarna as experiências precoces de turbulência emocional depende do reposicionamento do sujeito diante de sua história familiar e dos aspectos que, nesta, impediram a conclusão de um "*solo humano* para a existência" (FIGUEIREDO, 2009, p. 135). Dito de outro modo, trata-se de reconectá-lo a uma cadeia geracional, mostrando a ele que sua perplexidade não ocorre ao acaso, dando-lhe, assim, o *direito de sofrer* em oposição à necessidade de ser o próprio alicerce de uma situação enigmática caótica.

4.2 O complexo da mãe morta

Entre os principais determinantes da autoalienação de que tratamos, isto é, da perda do vínculo consigo mesmo ocasionada pelas experiências traumáticas, está, geralmente, a procura obstinada e fracassada da criança pelo *sentido* do distanciamento dos pais em relação a ela.

Para André Green, autor de um dos mais rigorosos estudos já realizados a esse respeito em psicanálise, a relação transferencial é o laboratório, por excelência, dentro do qual o "complexo da mãe morta" (GREEN, 1980) poderá se revelar. Conforme apontamos na introdução deste trabalho, nessa situação, os sintomas de que o sujeito se queixa não são, de início, de tipo depressivo. Geralmente, refletem o fracasso de uma vida amorosa ou profissional, fazendo com que se subentenda conflitos mais ou menos agudos com objetos mais próximos.

São, no entanto, evidentes, nas manifestações clínicas do complexo da mãe morta, os sentimentos de impotência:

> *impotência para sair de uma situação conflitiva, impotência para amar, para tirar partido de seus dotes, para aumentar suas aquisições, ou, quando isto ocorreu, insatisfação profunda diante do resultado* (GREEN, 1980, p. 246).

Os quais refletem também, de nosso ponto de vista, a impotência do sujeito para curar os pais e a família, a que vimos aludindo.

Na mesma trilha aberta por Winnicott, Green reconhece que não se trata, em tais casos, da depressão ligada à perda real de um objeto. Não está aí em questão o problema de uma separação real do objeto que teria abandonado o sujeito. O traço essencial dessa depressão é, em verdade, aquela "*que ela se dá na presença de um objeto, ele mesmo absorto em um luto*" (GREEN, 1980, p. 247). Nesses casos, o que está em primeiro plano é a tristeza da mãe e sua consequente perda de interesse pela criança.

A primeira, por alguma razão, se deprimiu, e a variedade dos fatores determinantes dessa situação é muito grande. No entanto, as causas que, nesse contexto, tendem a gerar consequências mais graves ao psiquismo infantil são aquelas cuja ocultação é total e cujo conhecimento, mesmo em fases posteriores da vida, nunca é possível, pois repousam em um *segredo*, como, por exemplo, um aborto ou um fato traumático da história conjugal dos pais jamais revelado à criança.

Naquele momento, o que se apresentou, aos olhos do sujeito, foi uma mudança brutal, verdadeiramente mutativa de sua imago materna, que guarda boa parte das características do choque traumático discutido por Ferenczi. "A transformação na vida psíquica no momento do luto súbito da mãe que desinveste brutalmente de seu filho é vivida por ele como uma catástrofe" (GREEN, 1980, p. 248). O trauma que essa mudança representa constitui uma *desilusão antecipada* do narcisismo vital apoiado na crença profunda sobre ser o centro do universo afetivo da mãe.

Após ter tentado, ele próprio, uma vã reparação da mãe absorta em seu luto, que lhe fez sentir a medida de sua impotência;

após ter vivido a ameaça da perda da própria mãe e ter lutado contra a angústia de diversas maneiras ativas, entre elas a agitação, a insônia e os terrores noturnos, o Eu porá em ação uma série de defesas de outra natureza. Como primeira e mais importante delas, Green cita um movimento realizado em duas vertentes: o desinvestimento do objeto materno e a identificação inconsciente com a mãe morta.

Essa identificação em espelho torna-se quase obrigatória desde que as tentativas de complementaridade (alegria artificial, agitação), que caracterizam as "crianças adoráveis" de que nos fala Winnicott, fracassaram. Essa "simetria reativa" (GREEN, 1980, p. 249) torna-se a única maneira de tentar restabelecer a união com a mãe. Tal identificação, condição, ao mesmo tempo, da renúncia ao objeto e de sua conservação segundo um modo canibalístico é, desde o princípio, inconsciente. A esse respeito, Green faz uma ressalva de grande relevância em termos diagnósticos:

> *Há aí uma diferença com o desinvestimento, que* posteriormente *se tornará inconsciente, porque neste segundo caso a retração é uma réplica; ela supõe que o sujeito se desfaça do objeto,* enquanto a indentificação produz-se à revelia do Eu do sujeito e contra sua vontade. *Daí seu caráter alienante* (p. 249, grifo nosso).

No caso da identificação ocorrida em lugar do luto que não se fez possível, o sujeito esteve alheio à mudança operada de modo radical, não podendo imprimir algo de si à representação dos fatos. Dessa forma, a transformação operada no plano da identificação terá apenas um efeito egodistônico, isto é, produtor de clivagens e desarticulação interna, enquanto o trabalho do luto, realizado em "bom tempo", como nos lembra Roussillon, poderá alcançar resultados egossintônicos, ou seja, integradores e enriquecedores dos recursos pessoais do sujeito.

Após a identificação, o segundo fato essencial sublinhado por Green é a *perda do sentido*. "A 'construção' do seio cujo prazer é a causa, a finalidade e a garantia desmoronou de uma só vez, sem razão" (1980, p. 250). Diante disso, o bebê/criança não dispõe de nenhuma explicação que lhe ajude a dar conta do acontecido, já que, inclusive, não foi objeto de qualquer reparação que lhe permitisse nomear os fatos. O compartilhamento de um sentido a respeito da experiência de abandono afetivo permitiria à criança situar-se perante o ocorrido – "mamãe não está bem desde que X aconteceu" –, o que teria para ela o significado de que não está louca. Se isto não ocorre, produz-se uma distância não dimensionável em relação à mãe, rompendo a ponte que até então ligava o sujeito ao seu meio circundante.

Ante à situação criada pela perda do seio amoroso, diz Green, uma segunda frente de defesas será mobilizada, em meio à qual interessa-nos destacar a *procura de um prazer sensual puro*, organizado exclusivamente em torno de zonas erógenas, sem ternura nem piedade, que é marcado por uma *reticência em amar o objeto*. Isto representa uma dissociação precoce entre o corpo e a psique, bem como entre a sensualidade e a ternura. "O objeto é procurado pela sua capacidade de desencadear o gozo isolado de uma zona erógena ou de várias, *sem confluência num gozo compartilhado* por dois objetos mais ou menos totalizados" (GREEN, 1980, p. 250, grifo nosso).

Além disso, a busca de um sentido perdido também estrutura o desenvolvimento precoce das capacidades intelectuais do Eu. Uma atividade frenética de jogo passa a ocorrer, não por efeito de uma liberdade de brincar, mas pela *obrigação de imaginar*:

> *Desempenho e autorreparação unem-se para concorrer à mesma finalidade: a preservação de uma capacidade de superar o desespero da perda do seio pela criação de um seio remendado, pedaço de tecido cognitivo destinado a mascarar o buraco do desinvestimento, enquanto o ódio secundário e a excitação erótica formigam na borda do abismo vazio* (GREEN, 1980, p. 251).

A criança que teve a cruel experiência de sua dependência às variações de humor da mãe recorrerá agora a uma aceleração precoce de suas capacidades cognitivas (à la Ferenczi) a fim de adivinhar ou antecipar. A unidade comprometida do Eu, doravante esburacado, busca compensação no plano de uma intelectualização por vezes muito rica, que está relacionada a uma tentativa obstinada de dominar a situação traumática.

Na configuração psíquica descrita por Green, a incapacidade de amar deriva da manutenção do primeiro objeto amoroso num estado de hibernação, a partir de uma operação que se deu à revelia do sujeito. Pela retirada de seus investimentos, ele crê tê-los conduzido para seu próprio Eu, sem saber que, em verdade, alienou seu amor pelo objeto caído no esquecimento do recalcamento primário. Conscientemente, pensa que sua reserva de amor está intacta, disponível para um outro amor logo que a ocasião se apresente. O objeto primário, pensa, não conta mais para ele. No entanto, diz Green, diante da tentativa de investir em um objeto substituto, o sujeito encontrará seu amor "hipotecado à mãe morta. O sujeito é rico, mas não pode dar nada apesar de sua generosidade, pois não dispõe de sua riqueza. Ninguém tomou sua propriedade afetiva, mas ele não pode gozar dela" (1980, p. 251).

Paralisados em sua capacidade de amar, os sujeitos que estão sob o domínio de uma mãe morta só podem almejar autonomia, pois o compartilhamento lhes continua interdito. A solidão, antes evitada, torna-se uma aspiração. Com isso, eles se aninham, tornando-se suas próprias mães, mas permanecendo prisioneiros de sua economia de sobrevivência. Neste ponto, não podemos deixar de mencionar os impactos que sofremos a cada parágrafo desse magnífico trabalho, diante das descrições poeticamente precisas do autor:

> *[O sujeito] pensa ter afastado sua mãe morta. Na verdade, esta só o deixa em paz na medida em que ela mesma é deixada em paz. Enquanto não houver candidato à sucessão, pode deixar seu filho sobreviver, certa de ser a única a deter o amor inacessível* (1980, p. 251).

Se o Édipo é alcançado ou mesmo superado, o complexo da mãe morta vai torná-lo, entretanto, particularmente dramático. No caso da menina, por exemplo, a fixação na relação primária com a mãe irá impedi-la de investir na imago do pai sem ao mesmo tempo temer a perda do amor materno, ou então, se o amor pelo pai for profundamente recalcado, sem transferir sobre a imago do pai boa parte das características projetadas sobre a mãe. Em todos os casos em que o complexo da mãe morta está presente, afirma Green, há regressão para a analidade. Por meio dela, o sujeito não somente regride do Édipo para trás, como também se protege de uma regressão oral, já que o complexo da mãe morta e a perda do seio tendem a reverberar entre si.

Outro ponto destacado pelo autor é o que chama de "defesa pela realidade", por meio da qual o sujeito procura se agarrar à presença do percebido como real isento de qualquer projeção, já que não tem a mínima certeza da distinção entre fantasia e realidade que ele se empenha em manter cindidas. No limite, isto significa a negação da própria realidade psíquica, o que, mais uma vez, se coaduna com as características da criança traumatizada descrita for Ferenczi e também por Searles. Em tais sujeitos, quando fantasia e realidade se fundem, uma enorme angustia aparece: "subjetivo e objetivo misturados dão ao sujeito a impressão de uma ameaça psicótica" (GREEN, 1980, p. 256). Isso atesta o impedimento de um trânsito seguro pelo espaço transicional decorrente do distanciamento afetivo da mãe, e retoma o pavor da dúvida de que são vítimas os filhos de famílias impermeáveis aos sentidos percebidos pela criança, de que nos fala Searles. Desse modo, diz Green, "a ordem deve ser mantida a qualquer preço através de uma referência anal estruturante que permite continuar a fazer funcionar a clivagem e, sobretudo, afastar o sujeito do que ele descobriu do seu inconsciente" (1980, p. 257).

Tal conjuntura não nos conta a história de um seio mau que não se deu, mas de um seio que, mesmo quando se deu, foi um seio ausente – e não perdido. Assim, ele não pôde ser preenchido nem preenchedor.

> *Aquilo a que assistimos é sobretudo uma identificação com a mãe morta ao nível da relação oral, e com as defesas que ela suscitou, o sujeito temendo ao máximo tanto a mais completa perda do objeto, quanto a invasão pelo vazio* (1980, p. 260).

A consequência disso é que as tentativas de reinvestimento da relação feliz com o seio, anteriores ao surgimento do complexo da mãe morta, são sempre afetadas pelo signo do efêmero e de uma ameaça catastrófica. Mais do que isso: o sujeito se vê, em face dessas novas tentativas, assolado pelo pavor de que a história de sua infância seja, na verdade, a falsa história de um falso seio que alimentava um falso bebê. Em suma, mesmo seus bons momentos não passaram de uma ilusão. "Nunca fui amado" torna-se assim uma divisa à qual o sujeito se agarrará e que testará ao longo de toda sua vida amorosa. "Compreende-se que estamos lidando com um luto impossível e que a perda metafórica do seio torna-se por isso inelaborável" (GREEN, 1980, p. 260). De fato, como fazer o luto do que não se tem nenhuma certeza sobre ter existido?

Quando as condições são favoráveis à inevitável separação entre a mãe e a criança, ocorre no Eu uma mutação decisiva. O objeto materno se apaga enquanto objeto da fusão primária para dar lugar a investimentos próprios ao Eu, fundadores de seu narcisismo pessoal. De agora em diante, o Eu passará a investir seus próprios objetos, distintos do objeto primitivo. Este se torna, assim, *estrutura enquadrante* do Eu abrigando a alucinação negativa da mãe.[10] As representações da mãe continuam a existir e se projetam no interior dessa estrutura enquadrante sobre o pano de fundo da alucinação negativa do objeto primário. Mas estas não são mais representações que fusionam as contribuições da mãe e as da criança.

O apagamento do objeto materno transformado em estrutura enquadrante só é conseguido quando o amor do objeto é suficientemente seguro para desempenhar este papel de continente do espaço representativo. Este último não corre mais o risco de rachar, pode suportar uma espera, com a criança se sentindo sustentada pelo objeto materno mesmo quando não está fisicamente presente. O quadro oferece, desse modo, a garantia da presença materna na

---

10 Discutiremos essa questão em maiores detalhes no Capítulo 7, no qual faremos uma explanação acerca do chamado "trabalho do negativo".

sua ausência e pode ser preenchido por fantasias de diversos tipos, inclusive fantasias agressivas e violentas que não porão em risco este continente. O espaço assim enquadrado, constituindo o receptáculo do Eu, circunscreve um campo vazio a ser ocupado pelos investimentos eróticos e agressivos na forma de representações de objeto. Este vazio não é percebido pelo sujeito, uma vez que o espaço psíquico encontra-se investido pela libido. Desempenha, por isso, o papel de matriz primordial dos investimentos futuros.

Entretanto, se um trauma tal como o luto branco da mãe sobrevém antes que a criança tenha podido constituir esse quadro de forma suficientemente sólida, não será um lugar psíquico disponível que irá se constituir no Eu, mas um espaço conflitivo que se esforça por manter cativa a imagem da mãe, lutando contra seu desaparecimento,

> *vendo reavivarem-se alternadamente as marcas mnêmicas do amor perdido com nostalgia e as da experiência da perda, que se traduz pela impressão de uma dolorosa vacuidade. Essas alternâncias reproduzem o conflito muito antigo de um recalcamento primário fracassado à medida que o apagamento do objeto primordial não terá sido uma experiência aceitável de comum acordo pelas duas partes da antiga simbiose mãe-criança* (GREEN, 1980, p. 266).

Pelo complexo da mãe morta, assiste-se ao fracasso da experiência de separação individualizante, na qual o jovem Eu, em vez de constituir o receptáculo dos investimentos posteriores à separação, briga para reter o objeto primário e revive repetidamente sua perda, o que produz, ao nível do Eu primário confundido com o objeto, o sentimento de depreciação narcisista que se traduz pelo sentimento de vazio. Para Green, isto é sempre resultado de uma ferida narcísica com desperdício libidinal. Desse modo, toda libido está marcada pelo narcisismo e será, portanto, sempre uma perda narcisista que será vivida ao nível do Eu. Em nosso entendimento, eis a razão pela qual Roussillon define tais sofrimentos como narcísico-identitários (ROUSSILLON, 2011).

O objeto "morto" carrega o Eu para um universo deserto, mortífero, pois a criança realizou o sacrifício de sua vitalidade no altar da mãe e nada obteve com isso. O sujeito é, assim, expulso de sua morada subjetiva e exilado na escuridão do mundo interno parental: "o luto branco da mãe induz o luto branco da criança, enterrando uma parte de seu eu na necrópole materna" (GREEN, 1980, p. 267).

5. Ian, o sujinho sedutor

Conheci Ian durante o plantão de um serviço público de saúde. Na ocasião, uma das funcionárias me procurou afirmando: "Daniel, acaba de chegar uma mãe dizendo que perdeu a última consulta do filho ao psiquiatra, e que ele já não 'passa' faz tempo. Parece ansiosa. Você conversa com ela?".

Atendendo à solicitação, convidei a mãe e o menino para conversar numa das salas, e pedi à responsável para que me expusesse o motivo de sua procura pelo serviço. "*É assim, doutor: o Ian tem muita dificuldade para se concentrar na escola. O grande problema dele é o registro, ele não copia nada do que a professora passa.*" "Com que idade ele está?" "*Oito anos.*" "A senhora disse à recepcionista que ele vinha sendo acompanhado pelo médico. Não frequenta nenhum outro atendimento?" "*Não.*" "E que orientação receberam?" "*Ele passou Ritalina, um comprimido por dia.*" "Como a senhora acha que o Ian está respondendo ao medicamento?" "*Olha... Pelo que falam na escola, ele até fica um pouco mais quieto, mas, ainda assim, não copia nada...*"

Resolvi proceder, então, a uma breve anamnese: "Dona Alda, fale-me um pouco sobre a história do Ian, começando por sua gestação, por favor". *"Bem, doutor...* [nesse momento, a criança olhava fixamente para a mãe] *eu não sei detalhes sobre a gestação... O Ian teve outra mãe antes de mim."* "Sei... Com que idade a senhora o adotou?" *"Um ano e meio, mais ou menos..."* "Foi uma adoção formal?" *"Na verdade, nós não buscamos ele no 'juizado da infância'...* [falava tudo com muitas pausas e olhava de tempos em tempos para o filho] *Conhecemos o Ian porque, quando morávamos em Santa Catarina, uma 'irmã' da igreja falou que a comadre dela tinha tido um filho, mas que não queria o menino... aí fomos conhecê-lo. Logo que pegamos ele pra criar, eu e meu marido o registramos, fizemos tudo certinho..."* Nesse instante, a criança interpela a mãe de forma cuidadosa e, ao mesmo tempo, contundente: *"Mas olha, mãe, por favor: eu não quero tirar o Silva do meu nome, tá?".* "Já te disse que isso não vai acontecer, Ian."

Tão logo a criança fez essa observação, lembrei-me da fala da mãe de que o garoto possuía um "problema de registro". Em seguida, questionei: "Dona Alda, por que vejo ser tão delicado para a senhora tratar desse assunto diante do Ian"? *"Porque nós nunca explicamos essa história direito pra ele, assim, do modo como estou expondo aqui pro senhor..."* "Puxa... Bem, se possível, vamos aproveitar a oportunidade. Parece que o Ian está muito interessado. Conte-nos mais, por favor."

"Quando eu e meu marido fomos visitá-lo pela primeira vez, ficamos muito chocados com a situação. Ele tava todo sujo, a moça não limpava ele! Além disso, ela gostava, assim... de coisa que não presta, sabe?" "A senhora se refere a drogas"? "Sim." Neste momento, a criança fez nova intervenção: *"E por que vocês só levaram eu? E os meus irmãos?"* – ao que a mãe respondeu: *"Nós não podíamos levar os outros, não tínhamos condição. Além disso, eles já estavam*

sendo criados por ela." Dona Alda, então, volta-se para mim, complementando: *"E, também, a verdade é que... logo que vimos o Ian, ficamos encantados com ele! Foi paixão à primeira vista!"*.

Naquele momento, meu atendimento parecia significar para a criança uma oportunidade de expor à mãe perguntas guardadas havia muito tempo. Com isso em mente, mantive a conversa por mais alguns minutos e, em determinado momento, declarei: "Dona Alda, tudo o que estamos conversando já nos fornece indícios muito importantes sobre o que pode estar se passando com o Ian. Ele está repleto de perguntas, mas não se sente totalmente seguro para fazê-las. Além disso, se esforça por guardar, a todo custo, as memórias do início de sua vida, que ele teme que sumam para sempre. Toda sua cabeça e toda sua energia estão ocupadas com isso. Por esse motivo, nada mais 'cabe' lá dentro. Ele tem medo de registrar coisas novas e apagar o que ele foi, e ainda é. Ele está precisando de ajuda..." *"Sim... Tem mais uma coisa que devo te dizer sobre a escola. Quando ainda morávamos em Santa Catarina, ele não tinha tantos problemas para estudar. Depois que viemos pra cá, começou essa dificuldade..."* "Entendo... Eu gostaria que voltassem semana que vem, para continuarmos conversando. Nesse momento, pediria para que seu marido também estivesse presente. Com certeza, vamos precisar acompanhar o Ian por algum tempo, até entendermos um pouco melhor o que toda essa história criou dentro da cabeça dele... Você topa, Ian"? *"Sim!"*

Definimos, assim, nessa segunda conversa, um horário no qual Ian passaria a frequentar um atendimento semanal comigo.

Nos primeiros encontros, pude perceber que o garoto chegava sempre muito ansioso para iniciar a sessão. Quando me via antes do seu horário, resolvendo alguma pendência, andando para lá e para cá nos corredores da instituição, pulava de sua cadeira e vinha correndo ao meu encontro perguntando se já poderíamos começar. Não era para menos: graças ao seu próprio esforço e à sensibilidade de sua mãe, ele havia conquistado, finalmente, a tão desejada autorização para mexer no "baú" de sua história. Tudo me fazia crer que, naquele momento, era exatamente esse o significado que nossos encontros tinham para o menino.

Contudo, quando se trata de psicanálise, entendemos que a ressignificação dos acontecimentos de uma história pessoal só pode se dar pela criação de uma outra história, a saber, a que começa a ser tecida na própria relação analítica. E assim foi. Em sua primeira fase, os atendimentos de Ian foram marcados por uma enxurrada de perguntas dirigidas a mim, que se referiam, quase sempre, à natureza do que se passava entre nós.

Quando adentrávamos a sala, Ian corria para escolher o brinquedo ou o jogo que iríamos utilizar, o qual tendia a mudar de cinco em cindo minutos, deixando-me geralmente zonzo com uma troca tão rápida de regras e cenários. Minha impressão era a de que, naquele caso, a atividade de jogo não era o principal, mas apenas criava o clima necessário para camuflar a intensidade afetiva das "investigações" que eram empreendidas, como se o garoto estivesse me perguntando coisas simplesmente "por perguntar". Assim, por exemplo, ele me diz certa vez: "*Me fala uma coisa, só pra eu saber: você ganha pra estar aqui?*" "Sim..." "*Ah... Então, isso aqui é o seu trabalho?*" "Sim, Ian, o que não significa que estar aqui não seja uma escolha minha. Quando me pergunta se este é o meu trabalho, acho que o que você quer saber é se eu estou aqui de verdade com você..." "*Ah, chega! Vamos jogar outra coisa*" – respondeu enfezado.

Ora, tal era a necessidade da criança de usar o espaço oferecido para reencenar e tentar solucionar seus conflitos (e, também, tal era a genialidade do dispositivo terapêutico criado por Freud, pensei eu na época) que, em tão pouco tempo de atendimento, eu já estava sendo inquirido pelo garoto a respeito da sinceridade de meu amor por ele!

Na dinâmica que se criava entre nós, eu podia notar que a troca "hiperativa" de jogos e brincadeiras sinalizava quase sempre a insatisfação de Ian com relação aos resultados de sua "investigação". A mudança do brinquedo parecia indicar que, para ele, a resposta buscada não estava ali, mas, talvez, em outro lugar...

Lembro-me de que, numa das sessões, eu havia levado um pouco de cola, barbante, papéis e algumas tintas, coisas que ele me havia pedido semanas antes. Naquele dia, logo que entrou na sala, Ian me perguntou: "*Foi você que comprou essas coisas?*" "Sim" – respondi. "*Mas, e se acabar o seu dinheiro?*" – questionou angustiado. "Comprei porque pude comprar, Ian. Se eu não pudesse, te diria, e usaríamos o que tivéssemos, sendo que isso não criaria nenhum problema para continuarmos o que estamos fazendo aqui." Aparentemente, o mesmo menino que se ofendia ao saber que aquele era o meu trabalho, temendo que eu não estivesse ali de um modo genuíno, ficava ansioso ao supor que sua "voracidade" poderia fazer com que se esgotassem meus recursos para tratá-lo.

Havia, entretanto, sessões em que as aflições do garotinho eram expressas de maneira direta, sem disfarce, praticamente dispensando interpretações de minha parte. Certa vez, por exemplo, ele pediu, ao entrar na sala: "*A gente pode usar a internet?*" "Sim." Ao acessarmos a internet, vi-o digitar na página do Google Maps um endereço em Santa Catarina. Pelo recurso do satélite, íamos nos aproximando cada vez mais de uma das ruas, pela qual ele ia passeando com o cursor, até me dizer, apontando para uma das casas: "*Olha! Essa era a minha casa! Aqui no fundo, tá vendo? Eu morava ali!*" "Claro, estou vendo..." *"Faz uma coisa"* – pediu. *"Anota o endereço e guarda com você, por favor?"* "Tudo bem." Naquele momento, parecia que o menino pedia meu cérebro emprestado para que eu o ajudasse a armazenar as lembranças que ele temia que se perdessem de sua própria mente. Ele queria que, em minha memória, eu registrasse, não só o endereço, mas também a imagem de sua primeira casa, fazendo-me, assim, testemunha de sua história.

Naquela sessão, disse-me: *"Eu falei com o meu irmão pela internet. Ele vai vir me visitar!"* "Sério?! Que legal!" Alguns meses depois, no entanto, sua mãe me relatou que a visita prometida não tinha se viabilizado, pelo fato de que o irmão, um adolescente de dezesseis anos, não havia recebido a autorização da mãe. Não foram poucas as tentativas de Ian de se reencontrar com seus irmãos biológicos, todas as quais, tristemente, fracassaram.

O desejo da criança de conhecer os irmãos e de voltar para Santa Catarina apontava, claramente, algo mais complexo do que o mero interesse em conhecer sua família biológica. Ian precisava de ajuda para dar *concretude* a toda uma parte de sua história que, em sua experiência, existia a meio caminho entre o vivido e o imaginado, como ocorre no momento em que, acordando de um sonho, demoramos a alcançar uma clara distinção entre este e a realidade. Era como se, desde sua adoção, Ian vivesse dentro desse torpor.

Houve, inclusive, certa vez, uma situação muito graciosa em que, após ouvir de mim a letra de uma música, que citei por associação ao tema de nosso diálogo, o garoto me pergunta: *"Essa música fala de amor entre namorados?"* "Não necessariamente, mas pode ser... Por quê?" *"Eu tenho várias namoradas na escola."* "É mesmo?! Puxa!" *"É... Mas eu tenho medo de uma coisa..."* "Do quê?" *"Tenho medo que elas pensem que eu sou 'trigâmico'..."* À parte a graça da comunicação, era visível que, para Ian, o "crime" só estaria configurado numa situação de "trigamia", pois, em sua experiência, a "bigamia" tendia a assumir um caráter bastante natural, tendo em vista sua organização afetiva já primariamente dividida...

Quase sempre, ao sair dos atendimentos, Ian me exigia que lhe desse coisas. Apesar de levar consigo alguns produtos concretos das sessões, como desenhos e esculturas feitas com massa de *biscuit*, por vezes, insistia muito para levar para casa brinquedos da instituição, além de me pedir reiteradamente que lhe trouxesse presentes no natal e no seu aniversário.

Uma vez, atendendo a um de seus pedidos (eu fazia questão de não atender a todos, entre outras coisas, para demonstrar que minha concessão ocorria segundo meu próprio arbítrio, e não por submissão a suas exigências), trouxe para ele, na ocasião de seu aniversário, uma mochila. Ian recebeu o presente com grande encanto, abraçou-me, e eu lhe disse: "Estou te dando isso para cumprimentá-lo pelo seu aniversário. Quero que use a mochila para levar para onde quiser as coisas que forem importantes para você e, também, para que elas não precisem ser carregadas somente dentro da sua cabeça, que já está tão pesada". Desde então, Ian se referia ao seu presente como *"bolsa para colocar as preocupações"*.

Certo dia, enquanto jogávamos um jogo, fui surpreendido por mais uma de suas irruptivas colocações: *"Eu acho que sei porque a minha primeira mãe me deu..."* "Por que, Ian?" *"Porque ela não me amava..."* – declarou sem olhar para o meu rosto. "Bem, eu acho que quando isso aconteceu..." *"Vamos falar de outra coisa, por favor!"* – reagiu ele, impedindo, mais uma vez, que eu completasse minha afirmação.

Naquele instante, Ian acabava de proferir o que para ele representava a "grande verdade" sobre sua história, jamais admitida pelos outros nem por ele mesmo. Ela, sua primeira mãe, não o tinha dado a outra família por ser uma droga-adicta ou por possuir qualquer espécie de falha moral, mas, sim, porque não o amava. Retornando, assim, momentaneamente, ao "olho do furacão" (seu núcleo traumático), sentia-se como que em carne viva, despido das defesas que até então buscavam escamotear a "grande verdade". Naquele momento, o único pedido a mim dirigido era o de estar lá com ele, calado, já que, ali, qualquer interpretação seria inevitavelmente sentida como uma agressão, percebida como mais uma tentativa de explicar ou justificar aquilo que, com muita dor, precisava apenas, e finalmente, ser reconhecido.

Instantes depois, após retomarmos o jogo por mais alguns minutos, e sentindo os ânimos um pouco mais abrandados, resolvi perguntar: "Ian, posso te dizer uma coisa?" "*Sim*." "Talvez você pense que a sua mãe o pegou para criar, em lugar de algum dos seus irmãos, por dó de você, por achar que era o único que vinha com algum 'defeito de fabricação'" – brinquei seriamente. A isso, a criança objetou: "*Defeito de fabricação não, defeito de sentimento...*". Pensei, então, que o defeito, fonte do enigma de sua existência, ocorria em razão do "sentimento" de que, sabe-se lá por que, ele não se fizera objeto no início de sua vida.

No caso de Ian, eu não tinha dúvida de que o potencial traumatizante do enigma que carregava era significativamente ampliado por sua inquestionável beleza. Não bastassem as "diversas namoradas" que possuía na escola, todas as semanas, sempre que chegava para seu atendimento, o menino arrancava suspiros das atendentes da unidade de saúde, ora sentando no colo de uma para mexer em seu computador, ora puxando conversa com outra a respeito de qualquer assunto. Numa ocasião, quando entrava para sua sessão, foi abordado por uma enfermeira que, tomada de encanto, declarou, enquanto apertava suas bochechas: "*Que menino mais lindo, meu Deus!*" Tendo assistido à cena, aproveitei o ensejo, tão logo fechei a porta do consultório: "Ian, como é para você quando alguém te diz essas coisas? O que você sente?" – ao que ele respondeu, sem pestanejar: *"Sinto que só estão vendo a parte de fora".*

Minha impressão era a de que, ao longo de sua história, Ian se tornara escravo de seu próprio potencial sedutor. A mesma "paixão à primeira vista" que sua mãe adotiva havia declarado referindo-se ao seu primeiro encontro com ele era o que não parava de produzir em todos os que encontrava. Apesar disso, e, de certo modo, justamente por isso, era incapaz de se sentir verdadeiramente amado, dado que atribuía esse apaixonamento exclusivamente aos efeitos de sua sedução, isto é, ao sucesso de seu falso-*self* (WINNICOTT, 1960). Lembro-me de quando, numa de nossas primeiras sessões, disse a ele: "Você é um menino muito inteligente!" – ao que respondeu, com a mão no rosto, num suspiro de decepção: *"Eu tinha medo que você dissesse isso..."*. Evidentemente, Ian temia que eu também só enxergasse a "parte de fora". Ora, se, como terapeuta, eu me tornasse mais uma de suas conquistas (as quais não o preenchiam), contribuiria apenas para que a "parte de dentro", que o início de sua vida lhe dizia ser feia e suja, continuasse abandonada. Em outros termos, para que Ian se sentisse amado, seria necessário, por assim dizer, adotá-lo por inteiro, desconstruindo a certeza que guardava de que alcançara sua sobrevivência tão-somente devido ao sucesso da sedução operada pela "parte de fora".

Foi por essa razão que, numa das conversas com seus pais, fiz a eles um alerta sobre o risco que representavam as inúmeras chantagens emocionais de Ian. Ceder a elas significaria esvaziar o significado amoroso dos presentes que lhe davam, já que, mais uma vez, o garoto tenderia a conceber tais presentes como mero resultado de sua "boa lábia", em vez de uma genuína demonstração de amor por parte deles.

Em certo momento do trabalho, tive de conversar com Ian sobre minhas férias. A isso, sua reação foi categórica: "*Você é um psicólogo como todos os outros!! Não sei por que eu venho aqui! Isto aqui não serve para porcaria nenhuma!*". Não era difícil, naquele contexto, compreender seu temor: e se tudo o que ali se realizava fosse falso? Estaria eu apenas desempenhando meu "papel" de psicólogo, tirando férias quando de direito e recebendo meu ordenado no final do mês? Teria eu uma implicação verdadeira com o que se passava entre nós, gostando e cuidando dele realmente, ou seria apenas mais um dos personagens do teatro a que sua vida corria o risco de ser reduzida?

A partir daí, o garoto passou a apresentar grande resistência em permitir que eu encerrasse as sessões. "Empacava" dentro da sala, punha-se em frente à porta e escondia brinquedos nos bolsos, obrigando-me a arrancar os objetos dele e atrasando, com isso, o término dos atendimentos.

Aos poucos, fui compreendendo que, mais do que uma resistência ao término das sessões, determinada pelo anúncio das minhas férias, tais comportamentos apontavam, também, a necessidade de Ian de promover maior contato físico entre nós. Quando ele se negava a sair, eu era obrigado a tocar nele, fosse para carregá-lo para fora da sala, que tinha de ser liberada para outros atendimentos, fosse para encontrar, em suas roupas, os brinquedos que havia escondido no intuito de levá-los consigo.

Mesmo após minhas férias, eu percebia que se antecipava, a cada sessão, o momento em que o garoto corria a se atracar comigo. De repente, Ian passou a propor, logo no início dos atendimentos, brincadeiras de "lutinha" ou, simplesmente, a pular sobre as minhas costas com a desculpa de andar de "cavalinho" ou qualquer coisa do tipo. Com tais brincadeiras, crescia gradativamente o risco de uma queda do menino, que se pendurava em mim de modo a dificultar mais e mais meu equilíbrio em tais situações. Eu o reprendia e o alertava constantemente, mas tinha grande dificuldade para impedir suas iniciativas, que desafiavam minha força física. Além, evidentemente, de um erotismo tipicamente infantil, eu identificava, nesses comportamentos, uma boa dose de agressividade, o que se fazia perceptível pela truculência e expressividade do garoto nos momentos em que partia para cima de mim.

Tal padrão se seguiu até que, finalmente, num dos encontros, deu-se a tragédia anunciada: Ian caiu, batendo a cabeça num móvel e começando a chorar copiosamente. Apavorei-me com a possibilidade de uma lesão importante até que, do meio do choro, entre um soluço e outro, o menino grita: "*Você me deixou cair!! Se eu tiver um traumatismo craniano, a culpa é sua!*".

Ao ouvir essas palavras, recuperei-me pouco a pouco do susto, notando que a principal dor causada pela queda não era física. A dor, naquele caso, estava relacionada à decepção provocada pelo fato de que eu não fora capaz de evitar a queda. A partir desse entendimento, e após questioná-lo sobre suas dores físicas, disse, passando a mão em sua cabeça: "Me desculpe, Ian. Eu te segurei com toda força que eu tenho, mas, mesmo assim, uma hora me desequilibrei...".

Escutando isso, o garoto continuou chorando e permanecia me culpabilizando até que, após uma pausa, declarou: "*Hoje, na escola, eu quase bati num moleque*". "Por quê?" – indaguei. "*Porque ele me xingou de adotado!*" "E de onde você tirou que adotado é xingamento?" Foi então que a criança formulou uma questão que me produziu verdadeiro arrepio: "*E se eu fui adotado antes de ser adotado?*" "Como assim?" – perguntei, ainda atordoado. "*E se a minha primeira mãe também me adotou?*"

Ora, com essa pergunta, Ian expunha seu temor de jamais encontrar uma solução para o terrível enigma que guardava a respeito de sua origem. Se a outra mãe também o adotara, haveria algo nele, em sua própria natureza, capaz de fazer com que se reproduzisse o abandono que sofrera. Era questão de tempo até que a queda se desse novamente. Segundo relatos de sua mãe, Ian a inquiria constantemente acerca de seu amor por ele, perguntando, nestes termos, se ela o amava da maneira que era. Nada, contudo, parecia livrá-lo do temor de que, até ali, ninguém o tivesse visto por dentro, enxergado sua alma, que, ele tinha certeza, guardava algo de podre. "Ela não o limpava", traduzia-se, em sua mentalidade infantil, pela ideia de uma sujeira infinita.

Naquele instante, repleto de empatia por ele, disse ao menino: "Ian, o que é mais importante: um adulto nunca deixar a criança cair ou ele acudi-la imediatamente quando, por um acidente, isso ocorrer?" "*A segunda*" – respondeu prontamente. Decidi, então, devolver sua questão com uma outra: "Bem, se você foi adotado antes de ser adotado, então... de onde você veio?".

Perante seu silêncio, e sem conseguir esconder totalmente o impacto que sua pergunta tivera sobre mim, prossegui: "Afinal, você acha que é o que? Um alienígena?". Ele chorava e fitava o chão. "Diga-me uma coisa: você sente dor aqui?" – perguntei, cutucando sua barriga. "Isto te incomoda?" – disse enquanto lhe fazia cócegas. "Está vendo: nós somos iguais, cara! Sentimos as mesmas coisas! Você é uma pessoa igualzinha a mim, sua mãe, seu pai, e todos com quem convive!"

Naquele momento, Ian sorriu e, pela primeira vez em muito tempo, saiu da sala sem resistências. Desde o início de nosso contato, acredito ter sido essa a primeira vez em que Ian encontrou o chão. Um chão humano. O nosso chão.

6. O efeito autointoxicante do trauma: o "Eu ruim"

6.1 Amor destrutivo

De modo bastante notável, Ronald Fairbairn foi um autor que apoiou integralmente sua concepção das psicopatologias sobre a matriz da dependência infantil. Em seu pensamento, essa dependência é concebida como um fato central e incontornável da condição humana:

> *a criança não pode escolher. Não tem outra alternativa senão aceitar ou recusar seu objeto, alternativa que está exposta a se apresentar como uma escolha entre a vida e a morte* (FAIRBAIRN, 1941, p. 37).

Segundo o psicanalista escocês, o movimento primordial do ser humano não seria determinado pelo princípio do prazer, mas pelo imperativo essencial e universal de estabelecer ligações com os objetos. Para ele, o bebê humano é um ser desde o princípio orientado para a realidade; condenado, por assim dizer, a uma busca pelo outro que não terá jamais um resultado plenamente satisfatório. A frustração decorrente do desencontro e da privação seriam, então, experiências inevitáveis com que o sujeito tentaria lidar a partir dos recursos de que dispõe inicialmente.

A partir daí, Fairbairn desenvolveu uma teoria da personalidade baseada quase que exclusivamente nas repercussões das experiências traumáticas precoces no processo de constituição do psiquismo. Segundo esse modelo, o mundo interno se constitui fundamentalmente como uma resposta aos traumas que se dão na relação com os outros, e "a origem de todas as condições psicopatológicas deve ser buscada nas perturbações das relações de objeto do ego em desenvolvimento" (FAIRBAIRN, 1944, p. 65).

No que nos pareceu um estudo original e bastante rigoroso acerca da obra do autor, Araújo (2014 , p. 17) esclarece que o trauma é concebido por Fairbairn como um "resultado da incapacidade do objeto de *convencer* a criança de que ela é amada e de que o amor dela é aceito". Nessa condição, a criança se sentiria ao mesmo tempo rejeitada e desprovida de recursos para concretizar sua necessidade de se ligar:

> *O fracasso por parte da mãe de convencer o filho de que realmente o ama como pessoa torna difícil para ele sustentar uma relação emocional com ela sobre uma base pessoal; e o resultado é que, para simplificar a situação, ele tende regressivamente a restaurar a relação na sua forma anterior e mais simples, e a reviver a relação com o seio da mãe como objeto parcial* (FAIRBAIRN, 1940, p. 11).

Em outras palavras, a complexidade característica do relacionamento humano é recusada, e o sujeito regride a relações parciais mais simples e, idealmente, menos frustrantes.

Uma das consequências mais cruciais desse estado de coisas para a organização do psiquismo se traduz na ideia de que, "se não posso confiar nos objetos que estão lá fora, eu preciso recriá-los como objetos que estão dentro de mim" (ARAÚJO, 2014, p. 17). Se os objetos externos nos excedem e traumatizam, precisamos torná-los parte de nós mesmos para tentar exercer sobre eles algum controle. As ligações com os objetos internos permitem, assim, ao sujeito, abrir mão das ligações potencialmente traumáticas com os objetos externos. Declara Araújo:

> *O sistema teórico proposto por Fairbairn é a tentativa de descrever o quanto, a partir dos desencontros com os objetos primordiais, vai se constituindo uma estrutura psíquica a parte, imune às surpresas e aos processos de transformação característicos da relação com os objetos do mundo* (2014, p. 20).

Para Fairbairn, a relação de dependência que o bebê estabelece com seus objetos é, no início, profundamente marcada pela *identificação*, que, por sua vez, é o ponto de partida de sua introjeção/incorporação. Em sua teoria do desenvolvimento, o Eu do bebê é descrito, antes de tudo, como um Eu bucal. Para o ser humano, a boca é o primeiro meio de contato íntimo. A primeira relação humana estabelecida pelo indivíduo é a relação com a mãe, e o centro dessa relação é a situação de amamentação, em que o seio é o foco do investimento erótico, e a boca, o ponto em que se concentra a atitude libidinal.

Isso confere um grande significado aos estados precoces de plenitude e vazio, associados às experiências de privação e satisfação por via oral. Podemos supor que, quando a criança está com fome, experimenta a sensação de estar vazia. Quando, então, é alimentada até sua satisfação, vivencia um estado de preenchimento. Reciprocamente, na concepção de Fairbairn, o seio e, do ponto de vista da criança, a própria mãe, está cheio antes da mamada e vazio depois, o que o bebê deve ser capaz de apreciar, diz o autor, em função de sua própria experiência de estar cheio ou vazio. Por esse motivo, o vazio assumiria, em circunstâncias de privação, um significado especialmente perturbador. Não apenas a própria criança se sentiria vazia, mas também tenderia a interpretar a situação no sentido de que esvaziou a mãe, "particularmente porque a privação não só tem o efeito de intensificar sua necessidade oral, como também o de lhe dar uma qualidade agressiva" (FAIRBAIRN, 1940, p. 10). A ansiedade que a criança experimenta ante a possibilidade de esvaziar o seio origina assim a ansiedade de destruir o objeto, e, para o psiquismo infantil, o fato de que a mãe habitualmente a deixa após a mamada teria o efeito de contribuir para tal impressão. Consequentemente,

> *sua atitude libidinal adquire para ela a implicação de que envolve o desaparecimento e a destruição de seu objeto libidinal – uma implicação que tende a ser confirmada num estado posterior, quando aprende que o alimento comido desaparece do mundo externo, e que não é possível ao mesmo tempo comer o bolo e possuí-lo* (1940, p. 10).

Num desenvolvimento saudável, o bebê fortalece aos poucos sua convicção de que há algo exterior a ele capaz de sobreviver aos seus ímpetos famintos e se encher novamente até a próxima mamada. Nas situações em que a mãe é capaz de sustentar essa regularidade, o caráter de alteridade do seio/mãe torna-se quase imperceptível, e a criança pode se apoiar na crença de que os processos que precisam acontecer realmente acontecem.

Imaginemos, no entanto, a situação que surge quando uma criança fixada na fase oral precoce chega a sentir que a mãe não a ama como pessoa nem se deixa ser amada por ela. Pensemos, por exemplo, na cena descrita por Green sobre a mãe que, subitamente, se deprimiu. O que ocorre nessas circunstancias é que a fase oral precoce se reativa e se reinstala emocionalmente. A criança sente que o motivo da falta de amor da mãe é que ela mesma destruiu o afeto materno e o fez desaparecer. Ao mesmo tempo, crê que *o motivo da rejeição da mãe em aceitar seu amor é que ele próprio é mau e destrutivo*. Não podemos nos esquecer de que, para Fairbairn, a fusão da identificação emocional com a incorporação oral é o que confere à dependência infantil seu traço mais característico.

Nas circunstâncias traumáticas, o ciclo de uma relação saudável se rompe, e a criança vê-se obrigada a se proteger das experiências de dar e receber. Nessas condições, a experiência de amamentação deixa de ser vivida com a plenitude de seu significado emocional, tornando-se apenas um meio para extrair ao máximo as coisas boas do mundo exterior e armazená-las no mundo interior, onde finalmente poderão ser amadas e manipuladas pelo sujeito sem o risco inerente às relações com os objetos externos. Tal atitude faz parte do esforço patológico de não depender, ligado à experiência humilhante[11] de não ter tido suas necessidades atendidas durante a plena vigência da dependência infantil.

---

11   Isto nos remete à "vergonha de ser", de que trata Roussillon, que ocorreria nos casos em que a ausência do objeto extrapola a capacidade do bebê de crer em sua sobrevivência e de confiar em sua união com ele.

Segundo Fairbairn, durante as fases iniciais do desenvolvimento, a frustração e a necessidade não satisfeitas serão sempre vividas como rejeição por parte do objeto. É importante, contudo, observar a diferença estabelecida pelo autor entre a fase oral primária e a fase oral secundária. Na primeira, o objeto natural é o seio da mãe. Já na segunda, o objeto é a mãe com o seio. A transição de uma a outra está, assim, marcada pela substituição de um objeto parcial por um objeto total – uma pessoa. Além disso, essa transição se caracterizaria, também, pelo aparecimento da tendência a morder. Se na fase oral primária a atitude libidinal de sugar tem o monopólio da situação, na fase secundária, esta atitude passaria a competir com o ímpeto de morder.

Para o autor sobre o qual por hora nos debruçamos, o morder possui um propósito essencialmente destrutivo e constitui o protótipo de toda agressão direcionada ao objeto. Por isso, para ele, a ambivalência não seria definida apenas pela simultaneidade das atitudes de amar e recusar o objeto. Em seu entendimento, tal rejeição pode existir sem o morder agressivo que caracterizaria a fase oral secundária, cujo aparecimento, este sim, demarcaria a entrada na fase de ambivalência emocional.

Evidentemente, a necessidade incorporativa produz efeitos destrutivos, no sentido de que o objeto comido desaparece. No entanto, essa necessidade não possui *fins* destrutivos. A esse respeito, Fairbairn nos oferece uma ilustração interessante:

> Quando uma criança diz que adora uma torta, fica implícito que a torta desaparecerá e será, ipso facto, destruída. Ao mesmo tempo, a destruição da torta não é o objetivo do "amor" da criança. Pelo contrário, o desaparecimento da torta é, do ponto de vista da criança, uma

consequência lamentável de seu "amor" por ela. O que deseja na realidade é comer a torta e ao mesmo tempo conservá-la. Se a torta é "má", contudo, a criança a cospe fora ou fica doente. Em outras palavras, a rejeita; porém, não a morde porque seja má. Esse tipo de conduta é especialmente característico da fase oral primária (FAIRBAIRN, 1941, p. 39).

O típico é que, enquanto o objeto se caracteriza como bom, é incorporado, e enquanto se apresenta como mau, é rejeitado. Contudo, mesmo quando é mau, não se faz nenhuma tentativa para destruí-lo. Mesmo assim, em condições de privação, surge ansiedade quanto ao fato de que o objeto possa ter sido incorporado junto com seus conteúdos e, portanto, destruído, embora não intencionalmente.

Na fase oral secundária, a situação é diferente dessa, pois, aqui, diz Fairbairn, o objeto pode ser mordido enquanto se apresenta como mau. Isso significa que a agressão pode ser intencionalmente direcionada para o objeto. Daí o aparecimento da ambivalência que caracterizaria a fase oral secundária.

Há aí uma distinção fundamental a fazer. Nesse último caso, a criança, essencialmente ambivalente, sente que foi o seu ódio, e não o seu amor, que destruiu o afeto da mãe. É, então, no ódio, que sua maldade parece residir. Dessa forma, seu amor pode permanecer bom a seus olhos.

Quando já se instaurou a capacidade de se diferenciar do outro, a criança sente que o objeto a rejeitou porque ele a odeia, ao mesmo tempo em que se vê em condições de odiá-lo. No entanto, quando o trauma se abate sobre o sujeito num momento muito precoce, ele não se sente odiado, mas *odiável*. Ao se deparar com falhas persistentes e precoces do objeto, sente que sua ávida necessidade de se ligar a ele é má e o esvaziou. Com isso, passa a entender que foi seu próprio amor que destruiu a capacidade de amar da mãe. Dessa forma, as falhas do objeto primário instauram no sujeito uma enorme desconfiança em relação a seus conteúdos internos.

Essa seria uma situação infinitamente mais intolerável para o psiquismo do que aquela que ocorre para a criança fixada na fase oral posterior. O conflito que surge durante a fase oral primária de acordo com as relações de objeto não se desenha na alternativa entre sugar ou morder, mas entre sugar ou não sugar, isto é, amar ou não amar. Isto é o que constitui, para Fairbairn, o conflito subjacente ao estado esquizoide. Já o conflito característico da fase oral secundária, resolvendo-se na alternativa entre sugar ou morder, ou seja, amar ou odiar, definiria o dilema subjacente ao estado depressivo. O maior problema do indivíduo esquizoide seria, portanto, o de como amar sem destruir com seu amor, ao passo que o maior problema do indivíduo depressivo seria o de como amar sem destruir com seu ódio.

Evidentemente, o conflito que estrutura a personalidade esquizoide encerra algo muito mais devastador do que o que subjaz ao estado depressivo. A natureza terrorífica do conflito relacionado à fase oral primária reside no fato de que, se a um indivíduo parece algo terrível destruir seu objeto pelo ódio, muito pior seria destruí-lo pelo amor. A grande tragédia do indivíduo esquizoide é que seu amor parece ser a fonte da destruição dos objetos, e a enorme dificuldade que enfrenta para dirigir sua libido para os objetos do mundo externo decorre dessa aparência tão destrutiva de seu amor.

Apesar disso, para Fairbairn, as relações de objeto insatisfatórias durante as fases orais primária e secundária só se tornarão patogênicas se forem *contínuas*, permanecendo de tal modo durante os anos subsequentes à infância precoce. Assim, deve-se considerar que a organização dos estados esquizoides ou depressivos depende de uma *reativação regressiva* (FAIRBAIRN, 1941) de situações surgidas durantes essas fases. Em cada caso, insiste o autor, a situação traumática é aquela em que a criança sente que não é amada como pessoa e que seu próprio amor não é aceito:

> *O maior trauma que uma criança pode experimentar é a frustração de seu desejo de ser amada como pessoa e de que seu amor seja aceito. Esse trauma é o que estabelece fixações nas várias formas da sexualidade infantil às quais a criança é conduzida na sua tentativa de compensar por meio de satisfações substitutas o fracasso de suas relações emocionais com os objetos exteriores. Essas satisfações substitutas (por exemplo, a masturbação e o erotismo anal) representam* fundamentalmente relações com objetos internalizados, a que o indivíduo está compelido a se dirigir por falta de uma relação satisfatória com objetos do mundo exterior (FAIRBAIRN, 1941, p. 32, grifo no original).

Neste momento, uma observação nos parece necessária, à guisa de esclarecimento. Aos nossos ouvidos, a insistência de Fairbairn sobre esse ponto soa como uma espécie de mantra, cuja repetição traz o risco de perdermos de vista seu sentido mais profundo. O que significa exatamente amar uma criança como uma pessoa e aceitar, reciprocamente, seu amor? Um leitor pouco familiarizado com a problemática em questão poderia naturalmente indagar: mas, se não se ama a criança como uma pessoa, ama-se como o quê?

Em nosso entendimento, o risco para o qual Fairbairn busca nos alertar é o de que se ame a criança como uma parte de si. Isto equivaleria a não reconhecer sua singularidade, privando-a do direito de realizar um gesto próprio e de *inaugurar algo* a partir de seu recebimento em uma coletividade humana e em resposta a ele. Amar uma criança como uma parte de si mesmo é roubar dela a posse da singularidade de seu gesto e, com isso, *todo o seu potencial criativo*. Para preservá-lo, são fundamentais tanto o seu reconhecimento como um ser único quanto a aceitação daquilo que dela provém, e que não poderia partir senão dela.

6.2 Defesa moral

Para seguir com nossa discussão, precisamos dar relevo a outro importante aspecto da teoria das relações objetais de Fairbairn: sua concepção sobre o mecanismo da repressão. A esse respeito, o autor formula a ideia de que "*o que se reprime primariamente não são nem os impulsos culpáveis intoleráveis nem as lembranças desagradáveis intoleráveis, mas os intoleráveis objetos maus internalizados*" (FAIRBAIRN, 1943, p. 50). Dessa maneira, entende-se que as lembranças só são reprimidas porque os objetos compreendidos por elas estão *identificados* com objetos maus internalizados, e os impulsos se reprimem somente porque os objetos com quem incitam o indivíduo a se relacionar são, do ponto de vista do Eu, objetos maus.

A criança que vive uma relação com um objeto mau não a vivencia somente como algo intolerável, mas, também, *vergonhoso*. Isso se esclarece pela suposição de que, na infância precoce, todas as relações de objeto estejam baseadas na identificação. Disso concluímos que, se a criança experimenta internamente a relação com objetos maus, ela mesma se considera má.

Para Fairbairn, uma importante decorrência das falhas dos objetos primordiais seria o que denomina *defesa moral*, a partir da qual a criança passaria a localizar em si própria a origem do mal que se abate sobre ela, purificando, com isso, os pais reais e passando a concebê-los como objetos justos e confiáveis. A partir da cisão entre o interno e o externo, ela esvazia o significado emocional de tudo o que é exterior e passa a se relacionar com o agente causador das experiências traumáticas como se ele fosse interno. Ao fazer-se má, arca com o peso da maldade que parecem ter seus objetos. Tais objetos purificados, ao serem introjetados, passam a atuar como uma consciência moral que torna o sujeito envergonhado e culpado pela maldade que carrega dentro de si, o que significa, em última instância, que a criança se torna envergonhada pela maldade de que foi vítima.[12] Para Fairbairn, isto ocorre porque

> *é melhor ser pecador em um mundo governado por Deus, do que viver em um mundo regido pelo Diabo. Em um mundo governado por Deus, um pecador pode ser mau; porém sempre existe um certo sentimento de segurança, que deriva do fato de que o mundo circundante é bom – "Deus está no seu céu. Tudo no mundo vai bem!" – e de qualquer maneira sempre há uma esperança de redenção. Num mundo regido pelo Diabo, o indivíduo pode escapar à maldade de ser um pecador; porém, é mau porque o é o mundo que o rodeia. Mais ainda, não pode ter um sentimento de segurança nem esperança de redenção* (FAIRBAIRN, 1943, p. 53).

---

12 Não podemos nos esquecer de que este é um dos resultados mais característicos do trauma produzido a partir da confusão de línguas de que nos fala Ferenczi.

Em nossos termos, diríamos que ser o demônio é imensamente preferível à consciência enlouquecedora sobre estar em seu colo.[13]

Ao me tornar detestável, continuo sendo odiado pelo objeto, e aceito irrestritamente essa condição como uma forma de manter minha ligação com ele. Além do mais, nesse caso, torna-se fácil perdoar o objeto por suas falhas, já que, perante minha natureza horrenda, seu ódio por mim parece justificado.

Diante de um objeto traumatizante, amar odiando (e sendo odiado) ou odiar amando é a alternativa que se apresenta ante o risco de submergir em um estado de despersonalização e total ausência de relação. Se o sujeito encontra de um lado o ódio e de outro o vazio, certamente irá optar pelo primeiro, por uma questão de sobrevivência psíquica. Fairbairn ilustra esse aspecto de modo interessante a partir do sonho de um de seus pacientes:

> *Um de meus pacientes teve um sonho que ilustrou com perfeição o dilema básico da criança.* No sonho, estava sentado ao lado da mãe, e na mesa, diante dele, havia

---

[13] Em nossa experiência, este fenômeno tem sido perceptível com particular nitidez no atendimento a meninas vítimas de abuso sexual por parte dos pais ou outros parentes. Na maioria dos casos, o sentido inconsciente que parece estar por trás da vergonha ligada ao abuso de que foram alvo não corresponde a um ódio reprimido pelo agressor, mas, muito pelo contrário, pelo entendimento de que somente alguém muito deplorável seria capaz de despertar, mesmo nos pais, um instinto de agressão, em lugar de um instinto de cuidado. Em linguagem adulta, este sentido inconsciente poderia, talvez, ser traduzido nos seguintes termos: "Como posso esperar do mundo algum amor se, ao me conhecer, mesmo meus pais não puderam ter por mim senão desprezo? Devo ser, de fato, alguém muito horrível". A partir daí, só restam ao sujeito duas alternativas: esconder para sempre sua "feiura" ou assumir de uma vez sua "natureza" monstruosa, buscando, inclusive, apresentá-la defensivamente como uma faceta de seu livre arbítrio, enfeiando-se ainda mais.

um prato com um pudim de chocolate. *Estava vorazmente faminto, e sabia que o pudim continha um veneno mortal. Sentiu que se comesse o pudim morreria envenenado e, se não o comesse, morreria de fome. Este era o problema. Qual foi o desenlace? Comeu o pudim. Devido à sua enorme fome, incorporou os conteúdos do seio envenenador. [...] O que compele a criança a internalizar objetos maus é, sobretudo, a necessidade que tem de seus pais, apesar de quão maus possam ser para ela, e é porque essa necessidade permanece unida a eles no inconsciente que não pode se desligar deles* (1943, p. 54).

É fundamental compreender que, no pensamento de Fairbairn, o sujeito não apenas introjeta a maldade oriunda da falha dos objetos primordiais. Mais do que isso: forja, por assim dizer, sua identidade a partir dela. Trata-se de um Eu que não somente incorpora o mal como um dos elementos que o constituem, mas que se organiza pela/na identificação com ele.

Pensamos que isto guarda íntima relação com a teoria de Green por nós discutida no capítulo anterior. Quando uma catástrofe emocional se abate sobre a criança, a tendência de seu psiquismo é atribuí-la, antes de tudo, a si própria. Entretanto, em vista de suas enormes proporções, seu sentido não é passível de ser localizado por ela apenas num *ato* que tenha cometido, pelo qual possa se sentir simplesmente culpada. Diante disso, o sujeito não encontra outra possibilidade senão conceber a causa da violência como um efeito de sua própria natureza, de sua própria essência. Por isso, um dos resultados da situação traumática é que a criança passa a odiar a si mesma. Afirma Araújo:

> *Quando a duração dessas experiências suplanta a capacidade do indivíduo de sentir raiva, ele acaba por se conformar. Vale lembrar que as experiências emocionais de intensa privação tornam difusas as fronteiras e não é mais possível saber o que é eu e o que é não eu. Sem falar que é sempre menos doloroso acreditar que a culpa pela violência e pela privação é minha do que me ver completamente à mercê de um mundo cruel e arbitrário* (2014, p. 109).

É inegável que, para o psiquismo, seja imensamente preferível ser mau, mas potente, do que fraco e desamparado. De nosso ponto de vista, este princípio encerra uma das principais chaves de entendimento do sofrimento humano que nos pode oferecer o sistema teórico desenvolvido por Fairbairn. Além disso, tal concepção opera um importante deslocamento no cerne do conceito de posição depressiva proposto por Melanie Klein (1934/1948). Para Fairbairn, as ansiedades básicas estão, sempre, diretamente relacionadas à nossa condição fundamental de desamparo. Por essa perspectiva, não podemos supor que uma das ansiedades básicas do bebê seja a de ter destruído o objeto com seu ódio, já que, nesse caso, *a fantasia de tê-lo destruído passa a ser compreendida como um recurso empregado pelo Eu para não ter que se haver com sua própria impotência diante dele*. No seio da experiência traumática determinada pela falha dos objetos primordiais, essa impotência é o que configura, sem dúvida, o fato mais insuportável. Por isso, o temor de ter destruído com o ódio não seria uma angústia primordial, mas uma defesa.

A rigor, *a partir da noção de defesa moral, entendemos que toda tentativa de assumir a culpa pela falha ou pela falta do objeto é, em sua raiz, um mecanismo defensivo*. Se entendo que fui eu quem o destruí, não preciso me haver com a realidade apavorante de estar refém de um objeto absolutamente caótico e imprevisível. Por isso, acreditar que mesmo meu amor danificou ou aniquilou o objeto seria uma forma de não me haver com sua maldade ou loucura, fato, este sim, intolerável, dado o caráter incontornável de minha dependência em relação a ele. Desse modo, mesmo o temor de ter destruído com o amor passa a ser lido como uma defesa contra o desamparo. "Se eu destruí o objeto, o desamparo não é incondicional, ele está condicionado pela minha maldade" (ARAÚJO, 2014, p. 97).

Surge, no entanto, a partir daqui, uma questão de grande relevância, que demanda análise cuidadosa. Até este ponto, vimos indicando que, segundo Fairbairn, a origem dos estados esquizoides estaria relacionada ao conceito negativo que a criança atribui ao seu amor, devido às falhas do agente de cuidados em convencê-la da qualidade positiva dos produtos de seu interior. Já nos estados depressivos, a maldade tenderia a ser localizada pelo sujeito em seus ímpetos agressivos, aos quais, neste caso, seria atribuída a responsabilidade pela destruição do objeto.

Neste momento, entretanto, destacamos um ponto de vista segundo o qual toda e qualquer forma de culpabilização pela perda do objeto, esteja ela atribuída a meu ódio ou meu amor, seria uma estratégia defensiva do Eu para escamotear de si mesmo a maldade que, de fato, estaria localizada no objeto externo, tornando-se mau para que este possa permanecer bom:

> *A criança paga o preço de viver atormentada pela maldade que se aloja no seu mundo interno e de se identificar com essa maldade para não ter de se haver com o fato de que os objetos dos quais ela depende são insuficientes e, por isso, maus* (ARAÚJO, 2014, p. 114).

Neste plano, portanto, seja nos estados esquizoides ou depressivos, o que está em jogo é a ameaça da despersonalização e do vazio que seriam determinados pela perda do objeto, do qual o sujeito tem, por isso, uma necessidade imperiosa, por pior que possa ter se mostrado, como bem ilustra o sonho do pudim envenenado.

A questão que surge daí é a de saber se devemos suplantar uma interpretação pela outra. Em outras palavras: seria o caso de se afirmar que toda culpa é, "no fundo", um mecanismo defensivo para impedir que o contato precoce com nossa dependência primordial torne-se para nós um fato enlouquecedor? Deveríamos, então, remeter todos os mecanismos da autoflagelação psíquica e da interpretação negativa sobre a própria natureza à matriz de nosso desamparo fundamental?

Ora, se, por um lado, a obra de Fairbairn permite vislumbrar a constituição do psiquismo como algo que se dá a partir de e em resposta à nossa condição original de desamparo, por outro, a prática clínica também nos impõe, de forma categórica, a admissão do poder inquestionável da lógica onipotente na produção de graves formas de adoecimento mental. Se, num plano, o psiquismo se protege do colapso de sua estrutura por uma atitude que nega as falhas que reconhece no objeto, não há dúvida de que, noutro, indissolúvel e concomitante a este, credita de fato e já de saída a catástrofe experimentada à sua natureza "estragada" e aos efeitos desastrosos de seu gesto.

Ainda que, como diz Winnicott, o desastre tenha incidido sobre o bebê num momento em que ainda não havia "bebê suficiente", essa insuficiência é, justamente, o que o leva a atribuir as causas do ocorrido ao irrefreável poder de sua maldade intrínseca. Afinal de contas, *o bebê que, na situação traumática, se apercebe cedo demais de sua absoluta dependência em relação ao objeto é, apesar disso, o mesmo que acredita tê-lo criado.* Estamos, aqui, diante de um paradoxo essencial, um dos principais determinantes do caráter traumático da experiência, já que se constitui como armadilha central capaz de paralisar suas possibilidades de simbolização.

Por isso, em meio ao contexto traumático, a onipotência, geradora de culpa, e o sentimento do desamparo iminente, gerador de defesas contra o colapso da estrutura psíquica, apresentam-se, de nosso ponto de vista, como duas faces de uma mesma moeda. Quanto mais o objeto falha em prover ao sujeito os cuidados de que necessita, mais o aparelho mental irá recorrer à onipotência na tentativa de preservar sua organização e, quanto mais isto se dá, mais a lógica onipotente se mostrará incapaz de abarcar em seu domínio a imprevisibilidade e a complexidade características de um ambiente muito falho, expondo, inclusive, a subjetividade ao ridículo de se ver lutando com recursos tão pífios ante um Deus (ou demônio) tão poderoso, cruel e refratário a seus apelos.

Portanto, pode-se afirmar que, nos processos traumáticos, essas duas dimensões da experiência estabelecem entre si uma relação de *retroalimentação*, em que cada polo tende a intensificar e a reproduzir aquilo mesmo que busca negar. O recurso à onipotência, com seu resultado eternamente insatisfatório, só faz realçar o caráter inegável da condição de desamparo, ao passo que, diante desta – e da ameaça psicótica que a acompanha –, o sujeito não encontra alternativa senão recorrer, novamente, à ilusão de que o desastre experimentado não é outra coisa que o reflexo de sua natureza hedionda. Daí concluirmos que, se não faz sentido conceber todo apego ao objeto como uma tentativa de reparação diante da ansiedade de tê-lo destruído (culpa onipotente), também não faria a afirmação de que toda culpa é, no fundo, uma defesa contra o desamparo (negação da dependência).

Feitas essas considerações, retornemos ao tema do relacionamento do psiquismo com seus objetos maus internalizados. Em determinado momento de um artigo de 1943, Fairbairn nos instiga com uma interessante questão:

> *É interessante considerar de onde deriva o poder que os objetos maus têm sobre o indivíduo.* [...] *Por que [a criança] não os rejeita simplesmente, tal como pode fazê-lo com um pudim de farinha de milho "mau" ou com um óleo de rícino "mau"?* (1943, p. 53).

Pelo mergulho em sua teoria, a primeira resposta que obtemos para essa questão é que a criança se vê compelida a internalizar tais objetos, essencialmente, como um recurso para *controlá-los*. Por essa saída, a armadilha em que é pega é que, ao internalizar os objetos que no mundo exterior têm o poder de controlá-la, atribui a eles o mesmo poder a partir de seu mundo interno. A criança está, agora, "possuída" por tais objetos como por espíritos malignos.

Porém, a resposta não está toda aí. Há ainda outro fator que contribui imensamente para manter o sujeito refém de seus objetos maus internalizados. Diferentemente do objeto ambivalente, caracterizado por sua complexidade e incoerência tipicamente humanas, o objeto mau tem a seu favor o fato de manter o sujeito sempre "avisado" acerca do que pode esperar dele. O objeto mau é claro por ser, sempre, idêntico a si mesmo. Ele é produto de uma cisão que faz parte do esforço do psiquismo em padronizar os objetos, tornando-os, assim, plenamente compreensíveis (ARAÚJO, 2014). Desse modo, pode-se dizer que tornamos os objetos maus puramente maus para que nos sejam sempre previsíveis.

Em Fairbairn, entendemos que a própria constituição do psiquismo se dá a partir de um esforço de, por meio da introjeção, tornar coerente e organizado um mundo que se apresentou como desolador e precário: "Se não há coerência no mundo externo, ela precisa ser constituída no mundo interno, mesmo que isso se dê à custa de uma total imobilidade e congelamento" (ARAÚJO, 2014, p. 111). É difícil resguardar a integridade de um objeto com que se tem uma relação de ambivalência, pois isso significa submeter-se aos caprichos de alguém que pode, a qualquer momento, apresentar-se como bom ou mal, conforme o curso dos ventos. Diante disso, é preferível crer que esse outro que se apresenta como mau sempre o será, para não me frustrar e não me ver totalmente à sua mercê. Nesse sentido, a cisão do objeto funcionaria, paradoxalmente, para preservar a integridade de suas partes cindidas.

Por essa perspectiva, a possibilidade de me relacionar com o outro enquanto um objeto externo depende de que eu o perceba e aceite com suas ambiguidades e incoerências. Enquanto permaneço enclausurado na relação com os objetos internos, sempre idênticos a si mesmos, congelados e imutáveis, não posso usufruir da relação com os outros reais.

Araújo nos diz que, "em Fairbairn, o que confere sentido à vida é a possibilidade de se ligar aos outros. Fora disso, só há vazio" (2014, p. 64). Dessa perspectiva, todos nós entramos, em alguma medida, em contato com a precariedade de nossa existência no início da vida, quando as relações de dependência são determinantes de nossa sobrevivência física e psíquica. A personalidade humana se funda, a partir daí, na tentativa de conquistar, ao longo da vida, alguma autossuficiência.

Na concepção de Fairbairn, o desenvolvimento das relações objetais é, essencialmente, um processo pelo qual a dependência infantil dá, gradativamente, lugar a uma dependência madura em relação ao objeto. Boa parte da obra do autor será dedicada à apresentação das diferentes formas de defesa empregadas pelo psiquismo para enfrentar o difícil conflito inerente a essa transição, nas situações em que ele se mostra mal resolvido. Este resultaria da dicotomia imposta, de um lado, pela necessidade de se alcançar um grau suficiente de autonomia em relação ao objeto e, de outro, pela relutância regressiva a abandonar a atitude de dependência infantil para com ele.

Para o autor em questão, quanto mais madura é uma relação, menos ela é caracterizada pela identificação primária, dado que esta representaria um fracasso do sujeito em se diferenciar do objeto. Parece-nos muito pertinente sua formulação de que as falhas nas relações primárias definem um quadro em que "o objeto no qual está incorporado o indivíduo é incorporado no indivíduo" (FAIRBAIRN, 1941, p. 34). Por essa definição, a tarefa de diferenciação se traduz no problema de expulsar o objeto e cultivar com ele uma relação enquanto uma entidade externa ao psiquismo.

Durante o período de transição, que pode, conforme a organização psíquica em questão, perdurar por toda uma vida, a conduta do indivíduo se caracteriza tanto por seu esforço para desvencilhar-se do objeto quanto pelo de conquistar finalmente uma união segura com ele, quer dizer, por tentativas concomitantes e desesperadas de "'escapar da prisão' e de 'voltar ao lar'" (1941, p. 34). A esse respeito, Araújo declara:

> No primeiro caso, o risco é o de se ver engolfado nessa relação e se ver para sempre paralisado. No segundo caso, o risco é o de se ver isolado e abandonado, o de não con-

seguir se ligar a outros objetos e de, em última instância, se ver condenado à morte psíquica (2014, p. 60).

A maneira como o indivíduo foi ou não sustentado ao longo do período de dependência inicial define o modo como irá se posicionar perante esse conflito. Tal fenômeno nos parece bastante inteligível à luz do princípio winnicottiano de que capacidade para estar só é uma conquista inteiramente apoiada na confiança que pudemos adquirir na presença de nossos agentes de cuidado primordiais (WINNICOTT, 1958).

Além disso, as falhas na relação com o objeto primordial instauram no sujeito uma insegurança básica quanto à qualidade de seus conteúdos interiores e quanto à sua capacidade de cultivar boas relações. Para alcançar relações maduras, o indivíduo precisa estar seguro não apenas de que existem no mundo objetos dignos de confiança, mas de que ele próprio possui objetos bons em seu interior.

7. Perspectivas para o trabalho com pacientes traumatizados: as condições do processo de simbolização

7.1 A sobrevivência/não sobrevivência do objeto

O que, no contexto de nosso estudo, leva-nos a localizar sob um mesmo prisma figuras como a "mãe morta", de Green e o "adulto abusador", de Ferenczi? Como apontamos na introdução deste trabalho, seja por meio de uma conduta ativa (abuso e violência explícitos) ou passiva (indiferença, cegueira, negligência), e em que pesem as significativas diferenças entre as modalidades de violência praticadas por essas importantes personagens das narrativas psicanalíticas, elas têm em comum o fato de terem, cada qual, submetido seus filhos a modalidades particulares de *abandono*, diferentes formas de um *desamparo fundamental* da criança em face de seu transbordamento pulsional, a qual se vê, então, confrontada à angústia terrível do contato com sua absoluta *impotência* em meio ao contexto traumático.

Acreditamos que esse desamparo possa ser traduzido em termos da incapacidade demonstrada pelo objeto de *sobreviver* ao delicado processo de apropriação subjetiva da criança, sem se distanciar demais da posição em que deveria permanecer para promover e sustentar um caminho minimamente saudável de desenvolvimento. Em suas diversas formas, esse distanciamento pode ocorrer seja em decorrência da confusão de línguas (FERENCZI, 1933) por meio da qual o adulto deturpa o erotismo infantil saudável (linguagem da ternura), convertendo-o numa sexualidade genital traumática e desarticuladora do psiquismo, seja em razão de uma depressão materna que transforma brutalmente o objeto amoroso da criança em figura atônita, fria e mortificada, para incluir aqui apenas os sistemas teóricos acima mencionados.

Diante disso, o que buscamos até aqui foi, essencialmente, a caracterização de dimensões da experiência psíquica pós-traumática que, como tais, respondem a essa situação de transbordamento, diretamente atrelada à *incapacidade do objeto de se manter vivo (animado), amoroso e sintonizado à vida emocional infantil* no acompanhamento desse processo, por meio do qual (ou no seio do qual) o sujeito adquire a noção de si mesmo como um ente destacado, com características pessoais singulares e valiosas em relação ao universo que o circunda.

Concordamos com Roussillon quanto à ideia de que o problema da sobrevivência do objeto deve ser considerado uma questão de base da ciência psicanalítica, que perpassa, de algum modo, todas as fases do desenvolvimento e, portanto, todos os níveis de elaboração metapsicológica.

A expressão – sobrevivência do objeto –, consagrada a partir da obra de Winnicott, está, como veremos, intimamente ligada a toda a problemática da utilização do objeto e significa, segundo

Roussillon, uma verdadeira revolução em nossa concepção sobre a gênese da realidade do objeto, não no que se refere a sua percepção, mas à sua descoberta enquanto um outro-sujeito (2011).

Embora o processo descrito por Winnicott refira-se, diretamente, às mais arcaicas manifestações dos impulsos agressivos, particularmente àqueles que foram definidos pelo autor como uma expressão do chamado "amor impiedoso" (WINNICOTT, 1954), ele, de fato, faz referência ao universo das experiências pulsionais como um todo. Para Roussillon, a noção de sobrevivência do objeto

> descreve uma forma particular de dialética que aponta para a relação entre o self e os impulsos, em sua ligação direta com as respostas e reações dos objetos significativos *(objetos investidos como tendo significado) da infância e, de modo mais geral, com a própria história do self* (ROUSSILLON, 2011, p. 148, grifo nosso, tradução nossa).

Winnicott escreve sobre a sobrevivência do objeto na infância mais remota relacionando o fenômeno à construção do conceito da realidade externa pelo bebê e, consequentemente, à possibilidade de diferenciação Eu/outro. Para ele, isso não se dá como resposta às frustrações impostas àquele pelo ambiente (pelo menos, não de início), as quais produzirão apenas, inicialmente, uma ilusão negativa, isto é, a ilusão de ter produzido algo ruim. Para Winnicott, a percepção da realidade externa enquanto tal surge, em verdade, antes de tudo, de uma outra espécie de frustração: a *frustração da destrutividade*. Para ser descoberto, o objeto deverá sobreviver ao ato destrutivo (impiedoso, para sermos exatos) do bebê e, em

Winnicott, sobreviver significa não retaliar e não descontinuar o contato que vinha sendo estabelecido.[14]

Roussillon, por sua vez, entende que, juntamente a esses dois fatores, sem dúvida cruciais, deve-se somar outros dois não menos importantes para impedir um efeito desarranjador da experiência pulsional: além de se manter presente e não "vingativo", o objeto deve ser *responsivo*, isto é, mostrar-se afetado pelos investimentos do bebê, permanecendo, ainda, *criativo* em seus modos de se apresentar a ele. Ele deve se sentir afetado e demonstrar isso, do contrário, o "ataque" empreendido pelo sujeito cairá no vazio, perdendo seu valor de experiência que encontra a realidade no próprio momento e no próprio lugar em que pretendia ser criada. Além disso, permanecendo criativo, o objeto prova que continua vivo a despeito dos ataques destrutivos do sujeito. Ele é, assim, descoberto como algo capaz de sobreviver à destrutividade, colocando-se, nessa medida, fora da zona de onipotência do bebê.

Uma outra concepção de Winnicott, a do rosto da mãe como um espelho primário do bebê, no qual este encontraria o reflexo de si mesmo, bem como de seus afetos, está intimamente ligada ao processo de encontro/criação da realidade e é, de fato, um aspecto particular deste. O polo do encontro (grosso modo, o que o ambiente oferece à criança), desde que suficientemente adaptado, será

---

14 Nos termos em que estamos trabalhando, podemos afirmar que a mãe morta, de Green, é um objeto que se retira, e o adulto abusador, de Ferenczi, é um objeto retaliador. Nesse sentido, julgamos de suma importância a consideração de que ambas as atitudes traumatogênicas podem se dar tanto em meio ao processo de descoberta do objeto externo quanto *em referência a ele, na idade que for*, já que a intensidade da violência praticada, isto é, sua desproporção em relação às capacidades do psiquismo de assimilá-la, sem fazer ruir seus alicerces e sem se deformar, são o que, muito mais do que a idade, determinam o efeito patológico de tais experiências.

visto pelo bebê como um reflexo do que foi capaz de criar, fato que possibilita a ilusão primária de autossatisfação.

Roussillon sugere que a ideia winnicottiana sobre o funcionamento da presença materna como um espelho primário para o *self* seja vinculada ao que sabemos sobre a melancolia, particularmente ao famoso aforismo freudiano: "a sombra do objeto recai sobre o Eu". Em *Luto e melancolia*, Freud (1917/2010) enfatiza a importância, no processo da melancolia, da decepção provocada pelo objeto. Para Roussillon, uma das primeiras decepções para o bebê – e, sem dúvida, uma das mais cruciais – é a de não encontrar no objeto um eco apropriado de suas expectativas e impulsos. Sua sombra estaria, nesse ponto, relacionada à falha de sua função especular, que criaria os "pontos cegos" da experiência infantil. Ela seria o que, no objeto, não devolve nada[15] à criança sobre quem ela é. Essa ausência de um eco é o que constituiria, na visão de Roussillon, a primeira sombra do objeto, criando pontos nos quais nenhuma diferenciação pode se estabelecer entre este e o sujeito. Uma maneira alternativa de descrever esse processo patogênico seria afirmar que, nesse caso, o gesto do bebê torna-se idêntico a si mesmo, não encontrando a realidade externa na distância ótima (já que não deve ser nem enorme, nem nula) que precisaria estabelecer em relação a ele.

---

15 Poderíamos pensar também, nesse mesmo sentido, não só nas situações em que nada é devolvido à criança acerca de sua experiência, mas também naquelas em que o bebê recebe, em retorno de seu gesto, algo absolutamente distorcido em relação à natureza deste. Nesse caso, entretanto, não falaríamos em sombra ou em pontos cegos (diretamente ligados à experiência do vazio psíquico), mas estaríamos tratando de uma situação psicotizante, na qual o paradoxo fundamental do encontrado/criado estaria sendo gravemente intoxicado numa modalidade de relação que dilacera e desrespeita profundamente a experiência de ilusão onipotente do bebê, alicerçante do psiquismo.

Num caminho ideal, a ilusão onipotente vai sendo desfeita pouco a pouco pela desadaptação gradual da mãe que, ao deixar o estado de preocupação materna primária, introduz uma série de lacunas entre o que ela oferece ao bebê e o que ele estava esperando, ou seja, entre os aspectos encontrados e criados de sua experiência. Essas lacunas – e aí está algo fundamental – mobilizarão impulsos destrutivos na criança, que passará a ficar furiosa consigo e com o ambiente pela impressão de ter perdido/destruído a capacidade de autossatisfação que, até então, acreditava possuir.

A continuidade do processo irá depender de como os sentimentos de culpa da mãe serão ajustados. Se vier a ficar muito culpada por não se sentir mais "perfeita" para seu bebê, ela irá reagir de modo a tentar compensar ou reparar o dano que acredita ter causado, ou então ficando deprimida pelo que sente como uma tirania de seu filho e/ou como um aspecto de seu próprio fracasso. Tais reações modificam, em alguns casos cabalmente, o tipo de contato e de encontro que até ali estava sendo criado, fazendo com que o bebê não consiga mais encontrar o objeto tal como se apresentava anteriormente. Este lhe parece, assim, ter sido destruído.

Entre as diversas formas patogênicas com que a retirada do objeto pode se dar em meio ao processo delicado de sua descoberta como um objeto externo pela criança, podemos incluir modalidades de rejeição que chegam até o nível físico, corporal da relação entre a mãe e o bebê. Ferenczi (1929) foi um dos primeiros a explorar esse aspecto da rejeição primária entre crianças que foram hóspedes não bem-vindos na família.

Para Roussillon, a importância dessa modalidade de rejeição está, entre outros fatores, em seu efeito de intensificação das formas patológicas de destrutividade. Além disso, *uma criança que é fisicamente rejeitada, ou uma cuja mãe desenvolve fobia de tocá-la, constrói uma representação inicial de si mesma como "lixo" ou "excremento" [...]; a violência então se desenvolve como uma reação a essa representação de base* (2013, p. 265, tradução nossa).

Nesse caso, o senso de *self* que será primariamente construído não irá se organizar com base no que seriam suas formas mais saudáveis e naturais, marcadas por uma identificação quase absoluta com o seio, mas, ao contrário, pela identificação com a maldade ela mesma, o que nos leva a recuperar a discussão por nós realizada a partir da obra de Fairbairn, sobre a chamada defesa moral.

Entre os vários tipos de deformação da personalidade que podem surgir pela tentativa de sobreviver a essa posição, podemos mencionar, além da constituição de um conceito de si absolutamente negativo, ou em meio a ele: o desenvolvimento de comportamentos "criminosos" derivados de um sentimento profundo de culpa, em que violências são cometidas com o intuito de localizar ou circunscrever tais sentimentos, que o sujeito é incapaz de afastar de si próprio. Trata-se do princípio que, apoiado em Freud (1916), Roussillon formula em termos de *tonar-se culpado para não se sentir culpado* (ROUSSILLON, 2006). Poderemos observar, também, formas diversas de uma compulsão por reproduzir falhas, de modo a fazer corroborar o sentimento de ter sido "danificado". Além disso, devemos ainda mencionar modos de funcionamento nos quais tudo o que é bom torna-se ruim em razão da culpabilidade primária que recobre com um signo de transgressão pecadora todo tipo de experiência prazerosa.

Tais formas de organização psíquica remetem-nos ao funcionamento de João, para quem a única saída para o vazio psíquico gerado por sua experiência de abandono afetivo foi a plena identificação com a figura do tirano, a partir da qual pôde se tornar, para si mesmo, o mal em pessoa. No caso de João, a falta de um continente externo seguro para a experimentação de suas formas primárias de agressividade, em outros termos, a "morte" do objeto perante os "ataques" empreendidos durante as expressões mais precoces de sua vida pulsional, tornaram-se um obstáculo intransponível para a ligação psíquica de seus impulsos e para uma organização saudável de um conflito ambivalente.

Ambivalência significa um conflito entre tendências antagônicas *diante do mesmo objeto*. Por esse motivo, ela está baseada no reconhecimento da natureza simultânea de tais tendências com respeito a esse objeto – na conquista de uma posição depressiva, diriam Klein (1948) e Winnicott (1954). Isso implica, porém, uma diferenciação suficientemente nítida entre amor e ódio, ternura e violência, criatividade e destrutividade, algo que não se pode alcançar numa condição em que a mãe estabelece com o desenvolvimento de seu bebê uma relação persecutória, como podemos diagnosticar no caso de João.

Nessas circunstâncias, a criança se torna integralmente "horrível", similar à imagem especular que a reação do objeto lhe devolve. Numa última tentativa de deter o controle da situação, a única saída passa a ser a de se tornar, então, ativamente mau, já que não há um modo de evitar esse desfecho.[16]

---

16 Certa vez, João nos contou um sonho em que, simplesmente, entrava num show do U2 (banda da qual gostava muito) com um ingresso falso. Pelas características de sua posição existencial, a interpretação desse sonho nos pareceu, naquele momento, quase óbvia: em sua experiência, mesmo o que João recebia de bom não estava, na origem, destinado para ele. João só havia sobrevivido,

Para Roussillon, um dos exemplos mais notórios que a cultura nos oferece dessa posição subjetiva é o que está colocado num clássico que, como sabemos, obteve enorme atenção de Freud: *Ricardo III*, de Shakespeare. Na obra, a condição do protagonista se expressa pela formulação: uma vez que não possuo nenhum dos atrativos capazes de exercer sobre os seres humanos um apelo positivo, que, então, o mal se torne meu bem. Nessa condição, diz Roussillon, o mal não se choca com o bem; ele se torna, na verdade, o próprio bem num tipo de inversão que elimina qualquer possibilidade de distinção entre os dois (ROUSSILLON, 2013).

O estabelecimento das formas saudáveis de uma conflitualidade ambivalente depende de que o objeto garanta à criança uma presença firme e tranquila, deixando-a à vontade para constituir e explorar a distinção entre experiências de prazer e desprazer, amor e ódio. Se isso não se faz possível, o psiquismo se vê ameaçado pela mistura enlouquecedora entre essas duas dimensões, produzindo uma paralisia subjetiva.

Acreditamos que a segurança que, a partir de certo ponto de sua análise, João passou a adquirir para fazer uso dos materiais lúdicos nas sessões atesta o início de uma confiança na capacidade do ambiente (*setting* analítico) de suportar esse mesmo uso, sem se apavorar ou ruir. Pensamos que, ao final dos encontros, a criança corria ao banheiro para evacuar porque, a partir daí, passou a estar minimamente segura em liberar as expressões de sua agressividade criadora.

---

segundo seu próprio autoconceito, "surrupiando" o que nunca fora seu de direito (em última análise, o amor de seus pais e de seus avós). Tal sonho se colocou, para nós, como emblema de uma identidade formada a partir de uma posição sentida como totalmente clandestina, apontando para uma existência que não fora, em sua origem, plenamente admitida, legitimada pelo ambiente.

As fezes têm, nesse contexto, um significado fundamental e bastante complexo: elas são, em primeiro lugar, o que materializa, dá concretude às intensidades agressivas que, por esse motivo, não precisam mais, necessariamente, ser contidas no interior de um universo somático-imaginativo que, até então, não possuía outra alternativa que a de se manter misturado, identificado a elas. Elas agora podiam ser recebidas pelo ambiente, o que possibilitava sua expulsão do corpo/psiquismo.

Tratamos ali, justamente, de um produto a meio caminho entre o somático e o simbólico, o que indica sua presença, nas sessões, como algo que cumpria a função de um apoiador da elaboração simbolizante das fantasias agressivas. Isso ocorre no momento em que torna possível "negociar" com o ambiente algum nível de suas expressões.

Em suma, não foi à toa que o momento em que João passou a evacuar ao término das sessões foi precisamente o mesmo em que começou a ter condições de usar os materiais lúdicos e gráficos em seus atendimentos, em vez de apenas conversar comigo. A partir dali, ele passava a estar minimamente tranquilo para de fato utilizar o ambiente como um meio intermediário para a simbolização de suas fantasias agressivas.

Em contrapartida a isso, podemos concluir que a paradoxal conversão do mal no bem, que vimos discutindo, desorganiza a conflitualidade fundamental baseada no contraste entre ambos. Desse modo, nada tem o poder de contrabalançar a destrutividade, nada fica em seu caminho. Ela é, então, tratada como sendo, de fato, o bem supremo. O que supomos é que, na base desse funcionamento, esteja uma mistura de ambos, uma falha da capacidade de diferenciar um e outro, de atribuir julgamentos, determinada pela impossibilidade de diferenciar prazer e desprazer, amor e ódio, de procurar um polo e evitar o outro.

Algo que, sem dúvida, também está na origem dessa grave modalidade de confusão psíquica são as falhas experimentadas pelo sujeito em suas possibilidades de *satisfação primária*. O tipo de presença afetiva demonstrada pelo objeto e o prazer que ele obtém na relação com o bebê são, aliás, necessários para viabilizar a experiência de satisfação deste, já que, no seio da relação especular, a criança vivencia sua satisfação também como um reflexo daquela que pode ser experimentada pelo objeto.

Bernardo foi um garoto que, de diversas formas, pôde nos comunicar ao longo de sua análise as sérias dificuldades que vivia nesse campo. Quando, por exemplo, expressava seu medo de que suas fontes de prazer de repente (e muito cedo) começassem a se esgotar, ele nos dava notícia de um objeto que, em sua primeira infância, houvera se mostrado extremamente ansioso, apavorado com o fato de se fazer alvo de uma dependência, e que, por esse motivo, terminara por se ausentar de forma bastante abrupta, muito antes de que ele estivesse preparado para isso. Desse modo, tal objeto ajudou a fomentar a fantasia de que fora "consumido" rápido demais e de que, portanto, um grande cuidado deveria ser tomado daqui em diante, nos momentos de entrega a qualquer situação prazerosa já que, se Bernardo "abusasse", correria o risco de ficar novamente e para sempre em estado de abstinência.

O que isso manifesta, em última análise, é uma das formas da confusão a que aludimos, pois, nessa condição, a experiência prazerosa mantinha Bernardo aprisionado a um paradoxo, no qual a satisfação caminhava lado a lado à ansiedade constante de estar "se destruindo" (o que a experiência com as drogas ajudava, certamente, a materializar), ou seja, ter prazer se fazia para ele algo, ao mesmo tempo, "satisfatório" e apavorante.

Em meio a isso, devemos nos lembrar de que a experiência de satisfação é a experiência integradora do *self* por excelência – considerando, entretanto, que ela é tão dependente da sustentação do ambiente quanto da emergência de forças endógenas, caracterizando-se, justamente, por uma harmonização suficientemente boa entre ambos. Uma das consequências de sua falha será, portanto, a dificuldade enfrentada pelo sujeito quanto à ligação de seus impulsos. Quando a integração das pulsões não é bem-sucedida, a destrutividade tende a permanecer desligada, sem a possibilidade de se organizar dentro de um conflito estruturante. Ela é, então, exacerbada pelo próprio fato de permanecer "solta", à deriva no psiquismo e à espera de novas possibilidades de ligação. A falha em satisfazer os impulsos de modo psíquico levará o sujeito, no futuro, a incorrer em diferentes formas de atuação. A impossibilidade de vivenciar plenamente uma experiência de destruição *no campo da fantasia* favorece que ela se dê no campo da realidade externa.

A destrutividade manifesta serve, muitas vezes, como um anteparo por trás do qual permanece a ansiedade de ser fragmentado e o horror de explodir e desintegrar. O sujeito nessa condição pode explodir em fúria para que, justamente, não seja aniquilado; "quebra tudo" exatamente por conta da ameaça de ser despedaçado, fazendo tudo o que pode para evitá-lo, o que está intimamente relacionado à fobia desenvolvida pela mãe a respeito de seu bebê.

Quando, no entanto, o objeto sobrevive, a distribuição topográfica – "objeto, eu o amo, porque você sobrevive" e "eu o destruo a meu bel-prazer em minha fantasia inconsciente" (o que significa, também, posso sobreviver sem estabelecer com você uma forma alienante de dependência) – torna-se possível, o que é a mais forte das barreiras contra expressões de violência.

Se os sentimentos de culpa da mãe não forem muito intensos e se, apesar de sua desadaptação gradual e do ódio subsequente da criança, ela for capaz de restabelecer o contato com esta de forma *semelhante* (embora não idêntica) ao que antes se produzia, a mesma terá a experiência de que o objeto sobrevive à sua presumida destruição; o objeto é, então, percebido pelo bebê como tendo uma existência relativamente independente de seus impulsos.

A partir daí, segundo Winnicott, o bebê poderá começar a reconhecer uma distinção entre o *objeto da fantasia*, que ele tem a ilusão de ter destruído, e o *objeto externo*, ou seja, o outro-sujeito. A topografia do psiquismo pode então começar a ser desenhada, diferenciando entre a realidade interna, onde a destruição onipotente do objeto pode se dar; e realidade externa, onde o objeto não é destruído, mas sobrevive.

A respeito desse cenário, entretanto, Roussillon é enfático sobre o fato de que, se o bebê encontra a mãe *exatamente* igual àquela que acreditava ter destruído, isto equivale a uma invalidação do sentimento de destruição da criança. Ele afirma:

> *é necessário que o objeto tenha sido afetado [...]; é isso que confere valor à experiência de destruição e corrobora a realidade psíquica dessa mesma destruição* (ROUSSILLON, 2011, p. 152, tradução nossa).

Tão logo o objeto seja destruído, pode começar a ser amado (e odiado):

> *O objeto começa a ser amado não apenas porque o amor pressupõe um objeto que seja um outro-sujeito, mas também porque, no sentido estrito do termo, não pode haver pulsão verdadeira se o objeto for meramente subjetivo* (2011, p. 153).

Antes do início da concepção do objeto como um outro-sujeito, o bebê atribuía a si mesmo a satisfação de seus impulsos. A descoberta da existência do outro-sujeito, porém, fará com que a origem dessa satisfação comece a ser percebida como oriunda de um outro lugar, e o bebê passará a reconhecê-la como diretamente vinculada à presença do objeto, iniciando, desse modo, seu processo de idealização. A partir de agora, a criança irá transferir para ele as representações de um ideal baseado nas experiências primárias de satisfação (isso quando elas de fato tiverem ocorrido), um estado em que tudo era produzido pelo *self*, imediatamente e de uma única vez. De agora em diante, o *self* irá projetar sobre o objeto seus ideais de uma fonte inesgotável de satisfação. Isso, entretanto, "renderá" ao bebê a percepção de sua dependência: a autonomia do objeto, a possibilidade de sua perda, passarão a produzir ódio, o que levanta a necessidade de que seja destruído, desprezado no plano da fantasia, como forma de compensar a ferida narcísica imposta ao bebê pelo reconhecimento penoso desse fato.

Diante disso, a questão que se coloca é: poderá o amor pelo objeto sobreviver ao ódio da dependência que ele levanta, dependência essa que fere profundamente o "ego" do bebê? Poderão tais sentimentos coexistir, contraditoriamente, um entrando em conflito com o outro? O estabelecimento de uma boa organização dos afetos e da estrutura mental estarão em relação direta com a resposta a ser dada para essa pergunta.

Neste ponto, diz Roussillon, o problema da sobrevivência tem a ver com questões internas, com a maneira com que tais afetos poderão coexistir dentro do aparato mental. Segundo ele, algumas formas de ataque ao vínculo, como descrito por Bion (1959), estão relacionadas a essa dificuldade: esses ataques estariam tentando testar a força dos vínculos e avaliar sua capacidade de sobreviver à destrutividade de um modo que Roussillon denomina "teste interno de realidade" (ROUSSILLON, 2011, p. 154). Se o amor resiste ao ódio, será experimentado como sólido e confiável: o conflito de ambivalência poderá ser bem organizado. Entretanto, se ele não permanecer firme, isso dará prevalência aos conteúdos ruins, negativos do psiquismo. Todos os recursos possíveis terão de ser mobilizados para proteger os preciosos elementos amorosos internos, já que sua sobrevivência é vital para a vida mental e para a possibilidade de ligação com os objetos.

Evidentemente, a sobrevivência do amor irá depender, entre outros fatores, da força dos ataques empreendidos pelo ódio, que ocorrem, por sua vez, em razão da intensidade da ferida ligada à dependência. Para suportá-la, o sujeito tenderá a desenvolver mecanismos autoeróticos, na tentativa de contrapor o quanto possível a insegurança por ela produzida.

Isso traz à tona uma outra questão crucial no que tange a sobrevivência do objeto: poderá ele, e a relação que com ele se estabelece, sobreviver às tentativas de reapropriação típicas da tendência autoerótica? Tentará o objeto reaver para si aquilo de que o sujeito tenta se apropriar, o que foi recebido e experimentado no encontro com ele? Poderia a relação com o objeto ser destruída pela busca de autonomia que está implícita no autoerotismo?

A elaboração dessas questões é um elemento fundamental da capacidade de estar só na presença do objeto. Uma das condições para a conquista dessa capacidade é que a criança tenha a oportunidade de *explorar as respostas do objeto ao desenvolvimento da tendência autoerótica, bem como das fantasias que a acompanham.* A capacidade de estar só baseia-se, entre outros fatores, numa situação intersubjetiva em que o objeto foi suficientemente discreto, de modo a permitir que a ilusão de solidão e os recursos autoeróticos fossem mantidos, ao mesmo tempo em que permanecia presente por um tempo e de forma suficiente para que suas reações pudessem ser exploradas.

Não há dúvidas de que, no caso de Bernardo, este estivesse tentando testar minha habilidade de preservar uma atitude psicanalítica – e, portanto, de sobreviver enquanto seu analista – em face de suas repetidas "mancadas" (uma modalidade de ataque impiedoso ao objeto, poderíamos dizer), pelas quais, aliás, desculpava-se frequentemente. Na medida em que eu lhe "obedecia", ao mesmo tempo em que permanecia vivo e criativo, creio que o garoto pôde, aos poucos, descobrir minha existência enquanto outro ser humano e entrar em contato com ela sem temer que eu fosse assim roubar seus conteúdos, destituí-lo de sua experiência – por exemplo, quando me contava fatos cada vez mais íntimos conforme se tornava confiante de que eu era capaz de respeitar seus movimentos.

Minha hipótese era que, em sua história, Bernardo fora colocado numa situação em que tivera que optar entre sua própria satisfação ou a permanência do objeto. Ou estaria sozinho e livre para buscar sua satisfação, ou acompanhado, mas totalmente aprisionado. Essa parecia ser sua experiência em boa parte das sessões.

A esse respeito, diz Roussillon:

> *as crianças brincam aos pés de suas mães, elas "brincam de ser o objeto", brincam de se transformar nele e de pegar suas capacidades para elas durante a brincadeira. A questão se torna então a da reação do objeto a essa brincadeira e à apropriação que é parte dela. O que acontece a partir daí irá depender da resposta do objeto/ outro-sujeito. Se a mãe desinveste seu filho, se ela se retira completamente dessa forma paradoxal de vinculação*

– isto é, se ela abandona seu filho – ou, ao contrário, se ela participa de uma ou outra maneira do jogo, a criança irá experimentar essas várias reações (observando a mãe, olhando para ela, explorando suas reações, observando sua observação) como respostas ao que ela sente sobre suas tentativas de apropriação (2011, p. 157, tradução nossa).

A depender de tais respostas, elas serão sentidas como formas de retaliação direcionadas à brincadeira e ao processo de apropriação subjetiva que ali estava em curso.

A criança estará sempre, portanto, à procura da aprovação discreta da mãe para tais processos essenciais de introjeção e transformação, buscando formas de reconhecimento que lhe possam assegurar a capacidade do objeto de sobreviver a isso sem grande "estrago". Por isso, trata-se de uma matriz que, de diferentes formas e em níveis cada vez mais complexos,

> *estrutura a conflitualidade ao longo de toda vida; ela cria uma dialética em relação à sobrevivência do objeto/ outro-sujeito e no que se refere à consistência dos conteúdos e tendências psíquicos. Quando o objeto externo sobrevive, isso aumenta a capacidade para a sobrevivência interna de vários impulsos mentais, e isto, por sua vez, torna mais fácil que o objeto sobreviva* (2011, p. 157, tradução nossa).

Podemos afirmar, em suma, que a falha em qualquer forma de sobrevivência do objeto cria uma área de fragilidade mental e ameaça produzir um estado de confusão entre atos e representações (um colapso topográfico), despotencializando a experiência pulsional e fazendo, assim, com que uma destrutividade propriamente dita possa surgir. Reciprocamente, uma experiência bem-sucedida nesse campo solidifica e aprofunda a estrutura psíquica, dando suporte ao processo de diferenciação entre a realidade interna e externa. A diferenciação topográfica que é assim possibilitada permite que o sujeito leve a termo, no plano de sua realidade interna, o "assassinato" do objeto, amenizando seus sentimentos de ódio sem que estes precisem de algum modo se materializar na realidade externa.

Processos relacionados à sobrevivência do objeto estão em operação toda vez que o sujeito tem necessidade de pôr o objeto, o mundo, ou qualquer de seus aspectos em teste. Eles também estão presentes, guardadas as especificidades em jogo, na análise de todos os processos internos do indivíduo na medida em que estes envolvem, em maior ou menor extensão, a história dos encontros com objetos significativos de seu passado.

7.2 A função simbolizante do objeto

De acordo com a teoria de Roussillon acerca da simbolização primária, o trabalho de simbolização só pode começar a partir do momento em que o psiquismo encontra uma barreira suficientemente segura para conter os impulsos destrutivos: o vínculo com o objeto sobrevive ao ataque ou, mais precisamente, é revelado no e através do ataque, na medida em que este serve para *ligar* a destrutividade que, de outro modo, permaneceria em errância no psiquismo.

Como já indicamos, uma vez que o objeto é descoberto em sua exterioridade, uma relação de objeto propriamente dita pode se desenvolver. Ele sobrevive, é descoberto como destino dos impulsos e é amado. Ao mesmo tempo, o *self* reconhece sua dependência em relação àquele, que, podendo agora se tornar ausente, passará também a ser odiado.

A simbolização primária surge, então, da "restruturação retroativa" (ROUSSILLON, 2011, p. 180, tradução nossa) que deve ser operada no universo da ilusão primária para que esse novo fato da experiência (o objeto possui uma existência exterior a mim) possa ser admitido.

A lacuna introduzida pelo objeto em meio ao pano de fundo de sua adaptação primária às necessidades do *self* abre um campo de experiências graças ao qual o processo que levará à simbolização poderá ter início. As respostas do primeiro à destrutividade que é então mobilizada estabelecem as pré-condições para esse trabalho de simbolização.

Conforme a preocupação materna primária diminui, surge a necessidade de compensá-la de algum modo e, por esse motivo, o objeto deve oferecer à criança alguma espécie de *substituto* para o que passa a estar faltando. O objeto oferece, por isso, *outros objetos*, sugerindo desse modo à criança que ela poderá tolerar essa difícil condição, *transferindo* para eles a expectativa de suprimento de uma parte de suas necessidades. Tais objetos substitutos se tornam, assim, *símbolos primários*, ou seja, objetos para simbolizar a falta do objeto primordial, que irão ajudar o bebê a reduzir a lacuna que agora se abre entre a experiência do "encontrado" e do "criado". Uma dialética é então estabelecida entre o que a criança pode continuar a obter diretamente da relação com o objeto e o que terá de ser obtido, agora, com o auxílio da simbolização. Uma das condições para que este começo de representação possa se dar é que a criança não se sinta hiperdependente do objeto, ferida por sua imaturidade ou mesmo aprisionada na dependência que ele próprio experimenta em relação a ela.

Entendemos, assim, que o objeto adequado "propõe" ao bebê, por assim dizer, que os sentimentos de perda que ele experimenta sejam enfrentados mediante o trabalho de simbolização e o recurso aos objetos que o possibilitam. Tal proposição é absolutamente essencial para o desenvolvimento da criança e, por isso, a mãe deve ser capaz de suportar o luto que ela implica no plano de seu próprio narcisismo.

Roussillon enfatiza a importância de que os "objetos para simbolização" sejam oferecidos pelo objeto primário ele mesmo, a quem cabe dar o aval e o encorajamento para sua utilização:

> A *apropriação subjetiva do trabalho de simbolização assume que essa transferência é possibilitada e que está sendo encorajada pelo ambiente primário: em outras palavras, que o ambiente primário* concorda *com que algumas de suas características sejam deslocadas para outros objetos* (2011, p. 182, grifo nosso, tradução nossa).

As novas capacidades que a criança irá conquistar no decorrer desse processo levantarão, como apontamos, a questão sobre se estas foram ou não adquiridas em detrimento da preservação do objeto primário. O problema que surge aí é o de saber se a atividade simbolizante, bem como o autoerotismo que a acompanha, terão um impacto negativo sobre o objeto e sobre a qualidade da relação que com ele se estabelece.

Isso significa que, se a qualidade da relação parecer ameaçada pelos modos com que o objeto externo responde à atividade simbolizante, o sujeito se verá assolado por um dilema terrível e sem solução: ele terá que escolher entre a simbolização ou a relação com o objeto.

Nesse contexto, a função do objeto será a de afastar, pouco a pouco, tais ansiedades do universo emocional infantil. Como já dito, ele deve se mostrar afetado e responsivo ao processo vivido pela criança, dando solidez, densidade à tentativa de separação/diferenciação que está em curso, reconhecendo seu valor e os aspectos nela envolvidos. Ele deve demonstrar, ainda, a sobrevivência de sua capacidade em obter prazer.

A continuidade do trabalho de simbolização depende, assim, do acompanhamento realizado pelo objeto, do desempenho de sua função especular e da maneira como ele aceita, tolera que seus representantes sejam utilizados nesse processo. O objeto, diz Roussillon, "pode sempre impor um *veto* ao trabalho que está em andamento" (2011, p. 183, grifo nosso, tradução nossa), que permanece, por isso, subordinado à sua aceitação.

Propor objetos para a simbolização; sobreviver ao trabalho de simbolização que é conduzido com o suporte destes; sobreviver ao desenvolvimento do autoerotismo e ao modo como ele transforma a relação; refletir os aspectos dessa transformação. Tais são os elementos essenciais da função simbolizante do objeto e da forma com que ela possibilita o trabalho de apropriação e diferenciação subjetiva.

Nesse ponto, cumpre destacar que o brincar constitui um dos analisadores fundamentais da relação com o objeto, um dos mais importantes meios para a apropriação subjetiva da experiência vivida com ele e por meio dele. Mais ainda: é na e através da brincadeira que a criança se torna capaz de alcançar uma verdadeira distinção entre os níveis da experiência que pertencem à *relação de objeto* e os que envolvem, em vez disso, o *uso do objeto*. É principalmente pela atividade lúdica que a diferença entre esses planos pode ser percebida e representada. Como sabemos, a relação de objeto diz respeito ao encontro, na relação primária, com a alteridade do objeto e com seus aspectos não flexíveis (ROUSSILLON, 2011), ao passo que o uso do objeto está relacionado à forma com que ele apaga os traços de sua alteridade para dar suporte ao trabalho de simbolização, tornando-se momentaneamente apropriado para esse uso. Graças à brincadeira "a relação com o objeto é libertada do fardo do uso do objeto, de modo que este passa a ser usado para a simbolização dessa relação" (2011, p. 184).

Relação de objeto e uso do objeto estabelecem, portanto, uma relação dialética que sofre alterações conforme os progressos da simbolização. Eles configuram categorias ao mesmo tempo distintas e inseparáveis de experiência, de modo que uma não pode ser pensada sem referência à outra.

7.3 O meio maleável

Grande parte das condições que o objeto precisa respeitar para viabilizar e sustentar um processo de simbolização, as quais viemos discutindo no presente capítulo, estão reunidas em uma noção amplamente desenvolvida por Roussillon, a partir da obra de Marion Milner (MILNER, 1977 apud ROUSSILLON, 2006): a de *meio maleável*. O desempenho dessa função por parte do objeto significa que ele irá prover as condições e pré-condições do processo de simbolização sendo, ao mesmo tempo, o lugar no qual as diferenciações que o caracterizam poderão ser analisadas e, nessa medida, representadas pelo sujeito. Em outras palavras, *o meio* maleável é, simultaneamente, o solo para o trabalho de simbolização e o espelho que permite simbolizar o processo simbolizante.

Isso ocorre na medida em que o meio se mostra capaz de *materializar* características específicas, nuances da forma como se dá o processo de simbolização, de modo a permitir que sejam reconhecidas e representadas no próprio curso desse processo. Nesse sentido, a função de meio maleável oferece, como recurso para o trabalho de análise, o veículo necessário para reconstruir passo a passo o processo simbolizante em termos do uso que pôde ser feito do objeto na história pregressa do paciente.

Segundo Roussillon, o conceito de "mãe suficientemente boa", de Winnicott, pode ser descrito de modo muito mais detalhado a partir de sua articulação com o conjunto de características que constituem a função pré-simbolizante do objeto. Isso permite que melhoremos nossas representações sobre as qualidades das relações de base imprescindíveis ao desenvolvimento da capacidade simbólica.

Roussillon nos conta que, num artigo de 1977, denominado *Papel da ilusão na formação do símbolo*, Milner retomava e desenvolvia um conceito que já havia sido proposto por ela em 1950, o de "meio dobrável", que era definido pela autora como uma "substância intermediária através da qual impressões são transferidas aos sentidos" (MILNER, 1977, p. 862 apud ROUSSILLON, 2006, p. 160). Na pintura, por exemplo, explicava a psicanalista, o pintor utiliza meios através dos quais é capaz de externalizar parte de sua realidade interior. A obra, produzida num estado particular de concentração – que podemos caracterizar como uma modalidade de entrega aos processos primários –, realizaria a *fusão de uma parte da realidade interior com uma parte da realidade exterior.*

Essa fusão daria origem a um símbolo que não é uma formação defensiva, mas resulta, ao contrário, de uma necessidade fundamental de organização e de coerência interior. Milner propunha, assim, na mesma trilha de Winnicott, a ideia de uma ilusão fecunda, que tornaria possível o que a psicanálise chama de transferência, explicitando seu papel na formação do símbolo.

No *setting* psicanalítico, a adoção de uma atitude compatível com esse princípio implica que o analista aceite se submeter, até certo limite, à onipotência e à "tirania" do paciente. Por esse motivo, o cumprimento da função de meio maleável por parte do analista poderia facilmente, a partir de um olhar superficial, ser confundida com uma atitude de submissão. Milner relata que, na análise de uma de suas pacientes (uma criança), admitiu, por muito tempo, ser tratada como um "detrito", uma parte não separada dela. Em lugar, porém, de se revoltar contra esse fato, deixou-se considerar, nesse processo, como um meio maleável, permitindo que fosse "moldada" conforme as necessidades da criança.

No decorrer do trabalho, diz a autora, a criança pôde aos poucos se libertar de uma culpabilidade e de uma angústia excessivas, começando a discriminar melhor o limite e a interface entre a realidade interior e a realidade exterior. Desse modo, pôde reconhecer "que não havia perigo em tratar o ambiente como uma parte dela mesma, o que permitiu que tratasse o ambiente como uma ponte entre o interior e o exterior" (MILNER, 1977, p. 866 apud ROUSSILLON, 2006, p. 161). Isso graças à descoberta reiterada de que a terapeuta continuava a ser amistosa e não guardava rancor apesar dos ataques continuamente direcionados a ela.

Segundo a leitura de Roussillon, o transtorno ao qual essa criança fora conduzida provinha do fato de que, antes de poderem ser significados como tais, os objetos externos foram, para ela, objetos internos não controláveis, partes que escapavam de seu controle onipotente. Nesse caso, o que a criança necessitava era de um recurso que lhe permitisse discriminar efetivamente realidade interior e exterior, de um princípio internalizado de diferenciação no qual a prova de realidade, interna e externa, pudesse se apoiar.

O problema da constituição de um tal princípio foi justamente o que levou Roussillon a prolongar e desenvolver as percepções de Milner. A partir das descrições da autora, articuladas à sua própria experiência clínica, o psicanalista passou a se dedicar à identificação das características fundamentais que o ambiente precisa reunir para desempenhar para o sujeito a função de meio maleável.

Para o autor, o meio maleável possui cinco propriedades principais, que podem ser descritas separadamente, mas cuja interdependência é essencial para que adquiram todo seu valor, isto é, seu potencial simbolizante.

A primeira e mais fundamental, que comanda de certo modo as demais, sem, no entanto, se sobrepor a elas, é a *indestrutibilidade*. Essa propriedade está ligada às formulações winnicottianas, já discutidas por nós, acerca da utilização do objeto: ele deve poder ser atingido e destruído – ele muda de forma –, "sobrevivendo", porém, ao ataque. É dessa maneira que sua natureza particular – a maleabilidade como potencial indefinido de transformação – será descoberta, tornando-se utilizável para representar a função representativa. O ar, a massa de modelar e a água não são destrutíveis. Graças à sua maleabilidade, *o meio transforma as quantidades em qualidades perceptíveis*. "Um soco desferido contra uma massa de modelar achata esta sem destruí-la, modifica-lhe a forma, que se adapta à força" (ROUSSILLON, 2006, p. 163).

Se a destrutividade deve poder ser exercida sem reservas e sem destruição efetiva, isso significa que o meio maleável precisa se caracterizar, também, por uma *extrema sensibilidade*. Paradoxalmente, se não pode ser alterado em sua natureza fundamental por grandes quantidades de energia, ele demonstra, apesar disso, extrema sensibilidade às mínimas variações quantitativas, alterando-se conforme as menores modulações de intensidade.

Essas duas primeiras características, indestrutibilidade e extrema sensibilidade, apresentam-se como pré-condições de uma terceira propriedade do meio maleável: a *capacidade indefinida de transformação*:

> *Se o meio maleável deve ser ao mesmo tempo indestrutível e extremamente sensível, é que ele deve poder ser indefinidamente transformável permanecendo ele mesmo: eis aí um outro paradoxo. A massa de modelar, o ar feito som são manipuláveis e transformáveis ao infinito, sem serem alterados ou destruídos em seu princípio por essa transformação* (ROUSSILLON, 2006, p. 164).

A experiência dessa possibilidade infinita de transformação só pode se efetuar, contudo, se o meio demonstrar, perante o sujeito, uma *disponibilidade incondicional*. Daí extraímos a quarta propriedade que o meio maleável deve possuir.

Por fim, como quinta e última propriedade, devemos mencionar o *caráter vivo* do meio. Embora sua função possa estar apoiada na utilização de substâncias que são, em si mesmas, inanimadas, tais como as que acabamos de citar (água, massa de modelar etc.), é necessário que a criança possa, num momento ou noutro, considerá-la como um objeto vivo, animado, o que significa que, a despeito de suas propriedades intrínsecas, sua apresentação deve ser "gerenciada" por um outro ser humano.

Pela reunião dessas cinco propriedades, que definem o meio maleável, Roussillon formula sua hipótese geral a respeito da função por ele desempenhada na atividade representativa, afirmando que se constitui, em verdade, como o "*objeto transicional do processo de representação*" (2006, p. 165).

A atividade representativa, diz Roussillon, não depende, em si mesma, da presença de um objeto externo que funcione como meio maleável. No entanto, para que sua possibilidade seja construída e para que possa ser apropriável como tal pela criança, é imprescindível que ela forneça representantes concretos, perceptíveis de si mesma. Daí o sentido da definição do meio maleável como um objeto transicional do processo de representação, já que ele se apresenta, por tais definições, como um veículo para o alcance da capacidade representacional.

Antes, porém, que essa capacidade seja adquirida pela criança, sua construção conta com o apoio exterior do quadro familiar, cuja função é permitir que a criança evite ser submersa por um excesso de excitações, desorganizadoras de sua estruturação psíquica ainda incipiente. Fixa-se, dessa forma, um limite entre o que o Eu pode integrar de suas quantidades pulsionais (convertendo-as em qualidades representacionais) para que possa continuar a se sentir vivo e criativo, e o que ele deve reprimir para não se desorganizar. Essa função de para-excitação externa, de filtragem, é acompanhada, durante todo esse período de integração pulsional, de um apoio transicional, sobre uma das figuras do meio maleável. Ele é, assim, uma coisa, um objeto que se torna o representante-coisa ou o representante-objeto da função representativa.

Isso feito, o sujeito poderá, numa próxima etapa da construção simbólica, interiorizá-lo sob a forma de um "conceito-coisa", o que significa que ele irá funcionar como um intermediário entre ambos (a coisa e o conceito), organizando, assim, a atividade representativa. Em outras palavras: por meio desse processo, o indivíduo se torna gradativamente capaz de guardar suas vivências dentro do psiquismo enquanto traços simbólicos de experiências que aconteceram (em que pese uma aparente redundância), já que sua organização na forma conceitual é o que permite localizá-las espaçotemporalmente no quadro, agora formado, de seu aparato simbólico.

O meio maleável é, portanto, o que originalmente sustenta uma atividade representativa ainda incipiente, fugaz, da qual o sujeito não está ainda plenamente seguro, o que poderíamos traduzir em termos de: "não tenho total certeza sobre se existe de fato algo em meu interior".

Isso é notório na prática clínica, nas situações em que se observam falhas no cumprimento desse processo. Ora, se o meio maleável representa a atividade representativa, temos que, inversamente, os traumatismos que prejudicam o bom funcionamento desta estarão intimamente relacionados com os déficits das figuras do meio maleável.[17]

Acreditamos que, de modo geral, o desempenho da função de meio maleável no *setting* analítico esteja bem caracterizado na elasticidade de certo modo imposta a mim para que meu trabalho com Bernardo pudesse ser realizado. As modificações do enquadre

---

17 Nesse sentido, Roussillon chega a afirmar que "seria possível imaginar uma conexão bastante precisa dos tipos de distúrbios da função representativa com experiências de fracasso específico desta ou daquela propriedade do meio maleável" (2006, p. 167).

que tive de operar, os "canos" que o garoto me dava, o fato de me colocar em diversos momentos "correndo atrás" dele, para citar apenas alguns fatores, deixam clara a necessidade de moldar o *setting* em plena conformidade com as falhas de seu ambiente primário, que se caracterizou pelo absoluto desrespeito à sua necessidade de um tempo e um espaço suficientemente adaptados, os quais lhe permitissem encontrar a si mesmo na/pela formação de uma representação minimamente coesa de suas experiências.

Podemos afirmar que o desempenho da função de meio maleável pelo analista e pelo *setting* analítico é condição necessária para que o paciente traumatizado desperte em uma espécie de *consciência de ser*. Por seu intermédio, passa a reconhecer seus contornos psíquicos devido à forma que estes imprimem ao meio circundante.

Tal função permite que o sujeito realize, ele mesmo, o testemunho de seu gesto, o que significa que este se faz notar pela observação e representação que o próprio indivíduo faz de seus efeitos, e não pela interpretação que dele é realizada por um outro. Sua existência é sentida como real na medida em que as marcas (reações) que produz no ambiente contêm a prova perceptível desse gesto: a sensibilidade do meio às minhas excitações constitui, em última análise, a prova mais cabal de que eu existo.

No entanto, um ambiente muito frágil, inconsistente, introduz o sujeito no conflito entre conservar a forma produzida (prender-se a uma representação-coisa) ou preservar a maleabilidade, isto é, o *processo* de representação. Nesse caso, ele não pode "se soltar", ficando aprisionado no dilema entre conservar a representação, fixá-la – mantendo o objeto incólume – ou conservar a capacidade de representar (simbolizar, armazenar) a própria função representativa – destruindo o objeto:

> *É preciso aceitar destruir a forma para que esta possa ser apreendida como representação-coisa, como representante da coisa, e não como a coisa ela mesma. Portanto, o processo de criação desloca-se, num grau, da coisa para sua representação* (ROUSSILLON, 2006, p. 171).

7.4 O trabalho do negativo e a estrutura enquadrante

O que poderíamos assinalar, então, em termos metapsicológicos, como a consequência essencial de um ambiente primário indisponível, pouco maleável e insensível aos apelos pulsionais e existenciais do sujeito? Pelo percurso realizado até aqui, podemos indicá-la como sendo a paralisação, em algum ponto, do caminho das diferenciações fundamentais à boa constituição do psiquismo, seu aprisionamento a uma condição de indiscriminação entre o dentro e o fora, o bom e o ruim, o prazer e o desprazer. Desse modo, o sujeito é impedido de levar a termo a organização de sua tópica psíquica.

Podemos afirmar, ainda, que a ocorrência de falhas graves no processo de desilusão gradativa do estado de onipotência primária e no desempenho da função de meio maleável por parte do ambiente impedem a subjetividade de chegar a operar tais diferenciações num plano propriamente simbólico.

A partir daí, estaremos tratando de sujeitos que se mostrarão desconfiados de sua capacidade de armazenar algo em seu interior, inseguros quanto à posse de objetos que tenham alcançado para eles, de fato, o estatuto de uma realidade interna. Nessa condição, tais objetos não estarão à disposição do psiquismo para que sejam usados à vontade, à maneira de símbolos propriamente ditos: estabelecendo semelhanças, diferenças, ligações, desligamentos, se oferecendo para trocas e substituições simbólicas.

Isso nos obriga a trazer para o centro da discussão um conceito amplamente trabalhado por André Green (2009), diretamente ligado à conquista de tais possibilidades, e que recebeu pelo autor o estatuto de um verdadeiro instaurador do psiquismo: o *trabalho do negativo*.

Para a elucidação do conceito, é importante observar que o termo "negativo" não é utilizado, aqui, em sua acepção adjetiva, tal como ocorre, por exemplo, nas elaborações teóricas freudianas sobre a transferência negativa ou a reação terapêutica negativa. Embora se trate de uma terminologia que comparece em momentos e contextos variados da literatura psicanalítica, o fenômeno englobado pelo conceito que ora apresentamos diz respeito ao apagamento psíquico de eventos posicionados no seio da relação primária entre o bebê e o ambiente, os quais estabelecem os fundamentos do psiquismo pelo próprio efeito desse apagamento, pelo legado de uma *presença em forma negativa* que, mesmo aparentemente ausente, permanece atuando no funcionamento psíquico e gerando suas consequências.

A compreensão disso nos impõe uma distinção entre duas formas de acontecer psíquico: a forma positiva e a forma negativa (MADUENHO, 2010). Na primeira, devemos incluir os fenômenos subjetivos que se revelam através de suas expressões *representacionais*, e que se evidenciam em nossos modelos metapsicológicos, tais como os mecanismos de defesa e as instâncias psíquicas. A segunda está relacionada à manifestação de uma outra categoria de "engrenagens psíquicas", que se fazem perceber de forma pouco evidente, não diretamente constatável, porém visceralmente atuante e, nessa medida, dedutível e necessária para nossos entendimentos metapsicológicos e clínicos.

Green chama nossa atenção para o fato de que todos os conceitos de defesa, como recalque, forclusão, negação, cisão, possuem uma dimensão negativa. Isso significa que cada um deles, quando empregados, realizam uma forma própria de negativização de algum elemento do psiquismo também presente em algum outro espaço da tópica do aparelho. Dessa forma, declara Maduenho,

> *o recalcado torna-se o negativo que "trabalha" (para usarmos o termo do conceito) agindo no sintoma, o recusado torna-se o negativo que "trabalha" no fetiche, entre outros exemplos que poderíamos arrolar* (2010, p. 147).

Entretanto, em sua forma mais específica, esse conceito não trata da supressão daquilo que é indesejável em nós, mas, antes, do *apagamento espontâneo do objeto primário quando este foi capaz de cumprir suas tarefas, próprias da identificação primária, junto à criança*. Compreende-se, assim, que o objeto primário não é negativizado por ser indesejável, ao contrário: quanto mais indesejável ele for, pelo mau desempenho de suas funções perante a experiência pulsional do bebê, menos poderá se tornar negativo. Em outros termos, quanto mais falho for o objeto, menos ele poderá ser esquecido, mais presente ele será. A esse respeito, cabe a reprodução do que nos pareceu uma belíssima definição de Jaques André:

> *Uma mãe, bem entendido, é tanto mais única, insubstituível, não descartável, quanto mais tenha sido depriving (aquela que priva), rejecting (aquela que rejeita).*

Tanto mais impossível de perder (de objetalizar) quanto menos ela tenha permitido que a perda dela mesma pudesse ser elaborada. E isto pode ter acontecido tanto por ela ser psiquicamente invasiva quanto por estar sempre ausente (ANDRÉ, 1999, p. 83 apud MADUENHO, 2010, p. 147).

Eis aí a descrição perfeita da dificuldade vivenciada por Ian perante a figura de sua mãe biológica. A fragilidade de seu amor por ele, o modo hesitante, afastado e, por fim, abandonador com que pôde lhe sustentar quando bebê impediram o apagamento dela em seu psiquismo. Em lugar de esquecê-la, negativizá-la, sua subjetividade incompleta permaneceu indefinidamente à espera de seu retorno, da reparação de sua falha, uma vez que ela nunca estivera, para ele, presente de forma suficientemente positiva para que pudesse, enfim, ausentar-se.

Ian era uma criança marcada pela profunda incerteza sobre ser alguém de fato amável, o que o impedia de levar adiante sua tarefa de investimento em objetos substitutos. Tais investimentos eram despotencializados pelo retorno obsessivo à cena primordial de seu abandono pela mãe biológica, já que nenhum caminho poderia ser trilhado em meio ao risco iminente de que esse abandono viesse a se repetir por parte de novos objetos. A sombra da experiência traumática o mantinha inseguro, eternamente desconfiado de que o disparador da queda estivesse, em verdade, dentro dele mesmo. Isso porque, no cerne da experiência de indiferenciação em relação ao ambiente, a falta de investimento amoroso produz, como reflexo dessa ausência, um sentimento de ser "oco", esvaziado, um ser de isopor que, ao ser amado, apenas adia a decepção que causará nos objetos quando lhes for revelada a terrível verdade sobre não possuir nada dentro de si.

A partir daí, podemos compreender o trabalho de negativização do objeto primário como uma pedra angular da capacidade de simbolização. Se reconhecemos esse objeto como instaurador de uma dimensão fusional da experiência infantil, produzindo um campo de identificação primária, sem distinção na díade mãe/bebê, temos que esse lugar de indiferenciação deva ser gradativamente deixado por ele para que se desdobre, a partir de sua ausência, a possibilidade de geração de seus substitutos simbólicos.

> *Do narcisismo ao jogo do carretel freudiano, da ilusão fusional à desilusão e transicionalidade de Winnicott, da rêverie (da relação continente/contido) à função alfa autônoma de Bion, da reverberação empática às frustrações ótimas de Kohut, trata-se sempre da necessidade de uma falta, para que o bebê trabalhe* (MADUENHO, 2010, p. 148).

Desse trabalho do bebê, surgirá uma tópica, a delimitação de um mundo interno, um espaço pronto para *duplicar o mundo externo em termos representacionais*. Entretanto, para que isso se dê, é necessário que ausências e frustrações ocorram numa intensidade moderada e modulada conforme os limites da margem de tolerância do bebê. Se for extrapolada, ocorrerá a desfiguração dos espaços psíquicos que começariam a se constituir.

A alucinação negativa do objeto primário acontece no momento da passagem decisiva da relação de identificação primária para a possibilidade de um investimento próprio, tanto no Eu quanto no ambiente. Esse processo permite a instauração da percepção inicial de um corpo próprio dotado de zonas erógenas, tomado como objeto de investimento pelo autoerotismo, bem como a apreensão inicial de si mesmo, fundando um narcisismo pessoal.

O *autoerotismo nas portas do corpo marca a independência com relação ao objeto;* [...] A mãe é tomada no quadro vazio da alucinação negativa, e torna-se estrutura enquadrante para o próprio sujeito. O sujeito edifica-se ali onde a investidura do objeto foi consagrada ao invés de seu investimento. *Tudo estará então no lugar* para que o corpo da criança possa vir a substituir o mundo externo (GREEN, 1967, p. 135 apud MADUENHO, 2010, p. 150, grifos no original).

"O sujeito edifica-se ali onde a investidura do objeto foi consagrada ao invés de seu investimento": eis uma frase lapidar. Ela destaca a necessidade de que, primordialmente, a investidura seja muito mais *do* objeto do que *no* objeto. A presença viva e suficientemente adaptada do objeto primário é a garantia de sustentação que oferecerá ao bebê a segurança necessária para voltar-se para o mundo externo e interno, deixando, finalmente, de se colocar aos pés do objeto magnânimo idealizado, ilusório, fonte inesgotável de satisfação, proteção e, nessa própria medida, dependência.

Teremos, a partir daí, a presença negativa da mãe agindo no psiquismo, dando condições para que o bebê suporte a separação em relação a ela e consiga realizar suas novas tarefas de investimentos e representações simbólicas. Ela passará, desse modo, a estar presente em ausência, conforme a ótima imagem utilizada por Maduenho, à maneira de

uma concavidade surgida após a negativização de uma estrutura convexa, do convexo ao côncavo, assim se dá o novo estatuto da mãe após sua negativização. O apagamento do objeto que ocorre na alucinação negativa

> *deixa como herança de sua antiga presença, essa concavidade que passará a conter os novos investimentos autônomos que o bebê será capaz de fazer* (2010, p. 150).

A essa concavidade, presença negativada e continente no psiquismo, Green dará o nome de *estrutura enquadrante*. A metáfora do quadro, moldura, comparece aí de forma nada casual. Quando bem-sucedidas, as experiências de fusão e ilusão irão engendrar a alucinação negativa da mãe que passará a funcionar, de fato, como uma tela em branco na qual o mundo representacional do bebê poderá ser projetado. O sucesso das primeiras relações com o objeto primário deixará para o psiquismo a herança de uma configuração que mostra que aquele está pronto para ser esquecido e ultrapassado tanto pelos investimentos autoeróticos quanto pelos investimentos em objetos substitutos. Assistiremos, assim, à construção e introjeção de uma estrutura de enquadramento, que dará suporte aos processos de pensamento e permitirá a substituição da alucinação negativa da mãe por gratificações alucinatórias do desejo ou pela fantasia (GREEN, 2003).

Se a estrutura enquadrante será erigida ali "onde a investidura do objeto foi consagrada" é porque essa consagração é a marca do amor suficiente do objeto primário. Pronta para receber os investimentos eróticos e agressivos do bebê, ela não o remete ao vazio em termos de angústias devastadoras, mas em termos de um continente a ser preenchido.

Essa angústia devastadora e esse vazio, que não se abrem a nenhum devir, funcionam como se uma folha em branco fosse colocada diante de alguém que não sabe escrever, a quem caberia a tarefa de comunicar, por meio da escrita, suas necessidades (MADUENHO, 2010). Nesse caso, a metáfora do vazio e da folha em branco remetem a uma experiência de isolamento, abandono e inacessibilidade vividos no nível do narcisismo, a qual traz à tona a ameaça do não ser e do não existir. Por esse motivo, tal exemplo nos remete a uma história em que o apagamento da mãe teria sido forçado ao bebê, provavelmente cedo demais, por razões sobre as quais ele não teria tido qualquer controle.

Temos no caso de Ian um exemplo quase didático dessa situação: ele não conseguia "registrar" nada em seu caderno escolar, porque não podia fazê-lo dentro de si. E por que não podia fazê-lo? Porque enormes esforços ainda precisavam ser empreendidos para reter dentro de si as representações do objeto primário que, por esse motivo, drenava para si uma quantidade imensa de recursos psíquicos que tinham por objetivo reforçar os traços de uma imago ainda extremamente vaga. Dessa forma, Ian de modo nenhum poderia correr o risco de perder os exíguos fragmentos de sua identidade, as sutis marcas que ainda possuía de sua origem, direcionando os recursos a estes destinados para a fixação de novas representações.

Entendemos que a criança em questão não teve tempo suficiente para "terminar de destruir" sua mãe biológica e, por isso, jamais alcançou, intimamente, uma segurança mínima sobre ela ter estado de fato presente. Nos termos de Green, podemos dizer que a positividade daquela não fora suficiente para que sua negatividade ficasse satisfatoriamente sedimentada no psiquismo, enquanto estrutura enquadrante do universo representacional, a qual manteve, por isso, contornos para sempre "borrados".

Nos casos em que a presença do objeto primário se mostrou, ao contrário, suficientemente amorosa e realizadora de seu potencial simbolizante, o bebê já saberia escrever, podendo, então, usar a folha como um universo infinito de possibilidades criativas. Os investimentos fornecidos pela função narcisante do objeto tornaram o sujeito apto tanto para as tarefas ligadas ao campo das intensidades pulsionais quanto ao das transformações representacionais, que se encontram, nesse caso, intimamente articuladas.

Será a partir da hipótese do destino do objeto primário como estrutura enquadrante do Eu que Green irá propor a ideia do complexo da mãe morta, como uma condição que evidencia, justamente, a falência desse processo. Nele, as representações estão condenadas a tentarem se inscrever numa dolorosa vacuidade que prejudica gravemente sua capacidade de ligação. Essa vacuidade diz respeito ao não estabelecimento dos limites do espaço psíquico, que se torna carente de investimentos narcisantes (a partir daí, já tanto do objeto quanto do próprio sujeito) que poderiam libidinizar sua topologia.

> *Ao invés deste interjogo, de atrações e repulsões, próprios da simbolização e da transferência, instalam-se uma espécie de "errância" e "vagar" dessas representações, prontas para se ligarem em torno de um eixo qualquer que lhe possa fornecer algum sentido ou coesão* (MADUENHO, 2010, p. 162).

Esse eixo pode ser conseguido, por exemplo, em torno de objetos externos independentemente de suas qualidades, o que gera uma intensa dependência narcísica de objetos muitas vezes terríveis, mas, mesmo assim, impossíveis de serem abandonados.

Isso ocorre porque a perda do objeto é igualada, nesse contexto, à perda do próprio narcisismo, o que significa, como temos indicado desde o início deste trabalho, que a perda da mãe equivale, nesse plano, em alguma medida, à perda (morte) de si mesmo. Esse tipo de relação objetal tenderá a ser revivido nas relações posteriores cada vez que uma ameaça de abandono surgir no horizonte.

> Novamente, será a criança desesperada, ameaçada de extinção, que se desmanchará no divã tentando dar conta de uma dor testemunha do transbordamento pulsional em busca de ligações a qualquer custo. A continuidade de sua existência, sua sobrevivência após esses abandonos atuais, lhe trará muito pouca ou, verdadeiramente, nenhuma aprendizagem. Apenas será reinvestido aquele núcleo frio, os mesmos estados vazios do self a serem preenchidos pelas mais diversas formas de compulsões e atuações dentro e fora do setting (MADUENHO, 2010, p. 162).

O complexo da mãe morta se instala nas situações em que o objeto primário não está lá, presente no psiquismo, para que ocorra sua negativização. A mãe, o objeto absolutamente indispensável, não foi capaz de realizar o investimento necessário para que pudesse se colocar como representação no espaço psíquico e, por isso, não é encontrado para o estabelecimento da alucinação negativa em sua forma benéfica e constituidora do psiquismo. Só pode sofrer uma alucinação negativa o objeto que esteve lá positivamente. Na falta dessa presença primordial, não há o que possa ser negativizado e, por isso, Maduenho afirma, utilizando-se de uma imagem bastante ferencziana, que

> o espaço psíquico torna-se um órfão adotado por si mesmo, porém, sem as heranças estruturais e as funções com as quais precisamos contar, tornando-se uma espécie de terreno baldio pronto para ser tomado por quem chegar. Parece que, nesse contexto, tornar-se-á realmente impossível abrirmos mão daquilo que nunca tivemos (2010, p. 163).

O objeto primário, então, jamais poderá ir embora, paradoxalmente, porque nunca esteve ou esteve muito pouco. Desse modo, o indivíduo se torna refém e dependente de uma positividade inegociável do objeto, inviabilizando com isso o desenvolvimento de um psiquismo saudável.

Por esse motivo, perceberemos em tais indivíduos, como o "outro lado da moeda", quase sempre, uma terrível angústia de intrusão, que se origina pela mesma via da angústia de separação. O objeto tomado positivamente torna-se, por sua presença maciça e sem mediações, excessivo e potencialmente abusador. Ora, se só é possível ter o objeto positivamente, torna-se, por isso mesmo, impossível tolerá-lo. Estamos, aqui, bem diante da angústia experimentada por Bernardo nas sessões, em que permanecer em minha presença, dentro do *meu* espaço, se transformava para ele numa experiência de sufocamento que o obrigava, com poucos minutos de sessão, a ter de novamente sair à rua para "retomar o ar".[18]

O fato de que, no nível do narcisismo primário, a ausência do objeto possa ser vivida psiquicamente como um excesso de presença; o reconhecimento de que uma ausência intolerável tende a ser sentida como uma presença constante, remetem-nos à conhecida máxima bioniana de que não existe objeto bom ausente, somente objeto mau presente.

Green descreveu amplamente os imensos esforços empregados pelo sujeito para manter aprisionada sua mãe morta, não podendo

---

18 Apesar das aspas, Bernardo de fato passou a referir, após algum tempo de análise, sintomas de uma falta de ar importante, tendo que recorrer, por essa razão, ao uso frequente de dilatadores pulmonares. Interessante foi que, numa sessão, o garoto foi capaz de realizar uma associação direta desse sintoma com a equivalência que fazia entre a necessidade que tinha de seus pais e a sensação muito presente de estar sendo sufocado por eles.

confiar jamais em sua negativização, fixando-se em sua positividade e estando, por isso, condenado a uma eterna vigilância dos objetos prontos para abandoná-lo. Quando a investidura do objeto não foi suficiente para garantir a segurança necessária ao seu processo de negativização, este passa a se equivaler ao desaparecimento radical e à morte de ambos (sujeito e objeto).

Quando um trauma como o luto branco (GREEN, 1980), que é dado pela morte da mãe em vida, sobrevém antes que ela tenha podido constituir a estrutura enquadrante de forma suficientemente sólida, o sujeito permanece lutando obstinadamente para que o objeto permaneça presente ainda por tempo suficiente para poder ser descartado, esquecido.[19]

A experiência do vazio sem contornos e a vivência do nada sem possibilidade de um devir – diametralmente oposta à da alucinação negativa – tornam-se as marcas de um Eu crivado de perdas e abandonos, eternamente desconfiado de seus objetos, já que a positividade destes não lhe pode assegurar a presença viva da alucinação negativa da mãe. Isso quer dizer que uma estrutura enquadrante pode até ter se tornado possível, mas com suas funções totalmente distorcidas pelo advento do luto branco que se sobrepôs ao trabalho do negativo. Veremos, assim, o Eu tentando reter desesperadamente a mãe, dependente, portanto, de uma positividade que lhe acarretará uma incerteza obsessiva sobre a verdade da experiência amorosa. Nessa medida, estaremos tratando de um indivíduo paralisado em seu devir transferencial, "sequestrado, fagocitado por um objeto onipresente ou estático, assombrado,

---

19 À semelhança, diríamos, da criança ferencziana (ou searlesiana) que busca curar os pais e, com isso, tratar a qualidade de sua presença e de seu relacionamento com ela, para daí poder, finalmente, desfrutar de seu cuidado.

engolfado por um *vazio anterior a qualquer processo de esvaziamento*" (MADUENHO, 2010, p. 167, grifo nosso).

Eis aí uma situação em que transferência, que nada mais é que um caso particular das formas de simbolização por meio de objetos substitutos, encontra-se gravemente prejudicada. Por esse motivo é que diversos analistas veem sentido – sendo Freud o primeiro deles – em reservar a aplicação do conceito de transferência às personalidades predominantemente neuróticas, e delas discriminar outras modalidades e dimensões de relações entre o paciente e o analista,

> *pois não se trataria aqui de procurar o velho no novo objeto, confundindo-os parcialmente nessa área de sobreposição entre realidade e fantasia.* Trata-se de procurar objetos capazes de responder às necessidades mais básicas de constituição psíquica, *e a compulsão a repetir está operando no regime além do princípio de prazer-desprazer* (CINTRA; FIGUEIREDO, 2004, p. 25, grifo nosso).

Nessas condições, a busca se faz, ainda – e não "de novo" – por um objeto primário que, em determinado momento do desenvolvimento, apresentou-se morto ou absolutamente deficiente em suas funções.

> *O analista perceberá que, nessas situações, não se compõe um campo transferencial com seus disfarces charmosos, suas insinuações, seus deslocamentos, suas falsas alianças, seu brincar entre o verdadeiro e o falso, entre a realidade e a fantasia; antes, ele se verá coagido a ter que desempenhar aquelas funções específicas do objeto*

primário. *Sem a transitividade e as reversibilidades necessárias ao campo transferencial, sem a esperança e a confiança indispensáveis aos polos presença e ausência, apenas a sujeição, a tirana subversão dos objetos, podem operar. O analista não será investido a partir das reminiscências e obliquidades daquele primeiro objeto, ele será tomado como sendo o próprio objeto primário, dentro de uma concretude e de uma positividade que impedem o jogo simbólico e transferencial* (MADUENHO, 2010, p. 168).

Como bem atesta o conceito de meio maleável, a atividade representativa pressupõe que o psiquismo se desprenda de seu modelo orgânico para tornar-se sua metáfora. Isso constitui, como procuramos esclarecer, a condição de possibilidade do deslizamento simbólico de uma representação para outra e, portanto, do processo associativo. Além disso, tal se torna também a condição de possibilidade da transferência, digamos, analisável: ora, se o analista é a mãe, e não sua representação inconsciente, não a repetição de uma de suas figuras, temos que a interpretação da transferência enquanto tal fica, no mínimo, dificultada. Teremos aí aberto todo um campo de experiências a serem vividas "na carne" do processo analítico, no uso mais radical de sua dimensão sensível, nada abstrata, que o analista deverá lutar para que chegue, gradativamente, a níveis cada vez mais elevados de apreensão simbólica. A esse respeito, diz Roussillon:

a transferência de aspectos específicos da relação objetal primária para o aparato de simbolização se dá como um ataque violento: há muito pouco processamento por trás dela, de modo que esta pode, de forma relativamen-

te simples, revelar o passado traumático (2011, p. 187, tradução nossa).

O objeto que não aceita se ausentar e se negativizar, que não desocupa o lugar que seria libidinizado pelos novos investimentos do Eu em objetos substitutos e transferenciais, impedirá sua própria negativização exatamente pelo excesso de presença a que nos referimos. Esse objeto termina, assim, por ocupar simultaneamente o lugar de objeto primário e secundário, obliterando o espaço psíquico e impedindo a possibilidade de qualquer devir transferencial.

E o que significa, afinal de contas, a possibilidade do devir transferencial, se não a capacidade do sujeito de levar adiante sua própria vida, passando por paixões, lutos e decepções? O que esses indivíduos têm bloqueada é, a rigor, a possibilidade de construir uma história, uma jornada existencial garantida pela condição fundamental a todo ser humano de encontrar, pela renúncia ao velho, a abertura ao novo.

Assistimos, com isso, à paralisação do devir existencial a partir da inversão de posições entre dúvidas e certezas que se constituem, enfim, como o grande vetor de nossa existência: a possibilidade de se lançar à experiência, de aceitar seus riscos, depende da absoluta convicção guardada em meu interior sobre ser alguém amável, apoiada na experiência de ter sido bem-vindo, acolhido e sustentado em minha origem. Em contrapartida, a insegurança a esse respeito produzirá a convicção de que a caminhada em direção a um horizonte desconhecido só virá reafirmar as únicas verdades realmente deixadas em meu íntimo, que entregarei minha vida ao pavor de ver confirmadas: as do abandono e da rejeição.

Epílogo

O trabalho que termina de ser apresentado trata dos destinos psíquicos da experiência traumática, tanto em seus aspectos defensivos, restritivos das capacidades de realização do si-mesmo, quanto no que diz respeito a seus potenciais de transformação, elaboração e, portanto, simbolização. Tratamos, no entanto, de uma condição que, embora possa abarcar um espectro bastante amplo de situações traumatogênicas, deve ser considerada uma modalidade particular de traumatismo: aquela que se define por um distanciamento afetivo dos pais em relação à criança, distanciamento esse responsável pelo confronto do sujeito a uma condição de desamparo, humilhação e impotência insuportáveis, seja por sua precocidade, seja pela violência com que se produziu.

Nesse contexto, a questão da pseudovitalidade (KOHUT, 1977), característica dos indivíduos acometidos por tal problemática, se apresentou para nós como um fato clínico essencial e, nessa medida, como o ponto de partida de nossa investigação. Os sujeitos de que tratamos apresentam, todos, alguma das formas de uma vivacidade criada para contrainvestir a experiência de um imenso vazio interno, que, pudemos concluir, remonta à inversão da relação de cuidado ocorrida no seio de sua situação familiar originária, com a criança assumindo a função de um auxiliar ante aspectos gravemente adoecidos do psiquismo parental e familiar.

O fracasso peremptório dos esforços que, no passado, o indivíduo empreendeu na tentativa de salvar os pais e de recuperar seu amor, o qual lhe posicionou de maneira violenta perante o fato agora incontestável de sua impotência, deixou como herança um terrível abismo interno, que se define como o diâmetro oposto do espaço potencial: uma zona morta, intervalo de não existência que, pelo esgotamento das tentativas de encontrar dali uma saída, o sujeito passa, enfim, a habitar.

O vagar dentro desse abismo manteve o indivíduo isolado tanto do mundo quanto de si mesmo, e será para sobreviver a essa condição que o psiquismo irá estruturar defesas sofisticadas contra a perda do sentido de si e o colapso da estrutura psíquica de que se vê permanentemente ameaçado, as quais se definem, de nosso ponto de vista, a partir de três vértices principais.

Num primeiro plano de análise, o estudo dessa posição permite reconhecer os modos com que a experiência do desamparo original e do não advento de si, que dela decorre, tendem a se traduzir, subjetivamente, nos termos de uma existência *sem história*. A falta de uma presença afetiva, regular, atenta, determinada essencialmente pelo amor e pela *identificação* dos pais com as necessidades infantis impedem o sujeito de fazer o luto daquilo que nunca foi, renunciar ao que nunca teve, aniquilando ou comprometendo gravemente seu *sentimento de existir*, único capaz de lançá-lo a uma jornada existencial baseada na confiança íntima e profundamente guardada na possibilidade de um devir. Nesse caso, a possibilidade de que o sujeito inicie uma trajetória pessoal depende de que seja auxiliado a experimentar o que permaneceu em si em estado apenas potencial, mas nunca acontecido.

Nessa condição, a tendência da subjetividade é a de posicionar sua experiência fora do registro temporal. A situação traumática para a qual não se vislumbra nenhuma possibilidade de saída, em meio à qual o indivíduo se vê totalmente impotente e na qual o valor e o sentido de seu gesto são aniquilados, torna-se para ele o signo de uma realidade não dimensionável, sem começo, meio e fim, sem causa nem destino, isto é, uma *condição existencial definitiva, eterna e inquestionável*.

Além disso, a experiência que não cria nenhum legado simbólico estará indefinidamente condenada à sua repetição, pela insuficiência de seu resultado, sempre insatisfatório, pois de nenhum modo permitiu ao sujeito encontrar na realidade um *sentido* que lhe fosse devolvido em retorno de seu gesto. A experiência jamais simbolizada se repete pela frustração que impõe, condenada que está à sua eterna inconclusão.

Num segundo plano, a análise dos efeitos subjetivos das situações de abandono afetivo nos levou a observá-los, também, em termos dos diferentes níveis de um fenômeno de *autoalienação*. Devemos considerar, em primeiro lugar que, em meio a uma situação de sofrimento intolerável, uma das primeiras tendências evidenciadas pelo psiquismo é a de mergulhar em um processo de transe (FERENCZI, 1933), semelhante a uma anestesia, cujo resultado é um estado de desorientação psíquica capaz de suspender a percepção do mal e, junto com ela, a de uma boa parcela da realidade em geral. Trata-se de um processo que podemos qualificar como "dessubjetivante", em que a sobrevivência psíquica é assegurada, paradoxalmente, pela suspensão da própria vida subjetiva.

O transe traumático faz com que a violência deixe de existir enquanto realidade externa e, com isso, o sujeito consegue manter viva, ao menos, uma parcela de si mesmo e de sua percepção da realidade, "transportando-se" e "enclausurando-se", tanto quanto possível, no estado anterior ao surgimento dos fatos cuja experimentação se mostra insuportável. Essa preservação da parcela tolerável da realidade ocorre, assim, às custas de uma espécie de lobotomização do sujeito.

Em segundo lugar, a manutenção da criança numa condição de absoluto alheamento em relação a fatos ocorridos no ambiente familiar, que sejam, de seu ponto de vista, tão dolorosos quanto incompreensíveis, bem como a circunstância dos adultos em redor *desmentirem* categoricamente a percepção que possui dos acontecimentos, obrigam o sujeito a negar os dados que obtém de seus próprios sentidos. Isso caracteriza uma outra forma do processo de lobotomização antes mencionado, pelo qual se traduz como loucura toda compreensão que não coincida com o que os adultos em questão desejam que seja compreendido.

Pode-se dizer que o ser humano a quem não foi dada a possibilidade de duvidar, de questionar os fatos, é alguém que não foi tomado, pelos responsáveis por sua educação, como um semelhante. Ele, a quem se pede que desconsidere aquilo que está vendo e percebendo, é tratado como um objeto insensível, inumano, uma espécie de boneco cujas percepções são irrelevantes e na mente de quem, acredita-se, é possível "entuchar" o que se quiser. De nosso ponto de vista, esta seria uma maneira de descrever uma situação de *abuso* e violência psíquicos.

Isso nos leva à terceira perspectiva a partir da qual conduzimos nossa análise, pois, quando recusados e deslegitimados pelos elementos superegoicos e esquizoides do psiquismo parental, a dúvida saudável e a atitude naturalmente indagadora da criança tendem a se converter em certeza patológica, não sobre o mundo, mas sobre o caráter *nocivo* do impulso que as produziu.

Em meio a um grupo familiar pouco ou nada permeável ao espírito saudavelmente investigativo da criança, que é, por isso, destituída do direito de pensar, o mais provável é que o indivíduo passe a localizar em si mesmo a origem da violência e da injustiça que pesam sobre ele, purificando os pais e a família de todo o seu potencial enlouquecedor e atribuindo-o exclusivamente a si.

Entretanto, se a tendência da criança é atribuir a si própria a origem da catástrofe que se abate sobre ela, quando se vê confrontada a uma desordem emocional de enormes proporções, cujo peso é incapaz de suportar e cuja complexidade seu psiquismo não está ainda em condições de assimilar, seu significado não tem como ficar, para ela, circunscrito apenas a algum ato que tenha cometido. Nesse caso, o sujeito não encontra outra alternativa que a de considerar a violência sofrida como um efeito de sua própria natureza e de sua alma "estragada".

Junto a isso, a impossibilidade de entrega a uma situação de dependência, que em todos os momentos se mostrou fonte de traumas e dolorosa decepção, conduz a personalidade a um retraimento esquizoide, a partir de um desligamento radical entre o mundo interno e externo, e graças ao qual tudo (de bom e de ruim) passa a ser explicável a partir da projeção de objetos internos. Em outras palavras: para o indivíduo gravemente traumatizado, as respostas que encontra no mundo e nas pessoas em redor nada mais significam que os efeitos do que ele mesmo foi capaz de produzir, a partir de sua identidade magnífica ou detestável, mas, em qualquer dos casos, onipotente.

Talvez valha ressaltar que as dimensões dentro das quais os efeitos subjetivos do abandono afetivo foram por nós analisadas são, pois, justamente isso: diferentes dimensões ou vértices de uma mesma realidade subjetiva, os quais existem, portanto, de forma concomitante e indissolúvel nas configurações psíquicas em que podem ser reconhecidos, o que significa que sua organização em categorias distintas ocorre apenas para efeito de estudo e análise da dinâmica que lhes é própria.

A partir disso, podemos considerar que os três casos clínicos aqui apresentados, os quais funcionaram para nós como disparadores e apoiadores de nossa discussão, possuem, é claro, algo em comum. Bernardo, João e Ian sofriam todos, visivelmente, cada um a seu modo, de uma desconfiança a respeito de suas representações da realidade e de suas histórias, isto é, suas memórias.

Bernardo vivia inseguro sobre se suas fontes de satisfação se apoiavam em bases de fato reais ou ilusórias. "Tenho medo de que as coisas comecem a perder a graça", um de seus grandes temas, se faz facilmente traduzível nos termos trabalhados por Green a respeito do complexo da mãe morta: tal ansiedade indicava o temor profundo não apenas de que suas fontes atuais de satisfação começassem a se perder, mas de que o que até ali fora investido como representações de verdadeiras e confiáveis experiências de satisfação, no fundo não o fossem. A condição de Bernardo exemplifica muito bem a situação por nós discutida no capítulo cinco, em que as tentativas de reinvestimento de uma relação feliz com o seio estão sempre ameaçadas pelo signo do efêmero e pela possibilidade de uma descoberta tenebrosa a respeito da própria história. Face a essas tentativas, o sujeito se vê assolado pelo temor de que a história de sua infância seja, em verdade, a história de um falso seio que alimentava um falso bebê (GREEN, 1980). Dito de outro modo, o horror produzido por esse fantasma corresponde à possibilidade de que mesmo seus bons momentos não tenham passado de uma ilusão, ou seja, de que a realidade mais essencial para sua constituição psíquica não tenha sido mais do que uma fantasia criada por sua cabeça.

João, por sua vez, declarava acreditar, em seu íntimo, que jamais houvera sido um bebê. Ora, isso caracteriza uma representação cabal de sua dúvida sobre ser alguém de fato real. Uma pessoa que se acredita sem história duvida fundamentalmente de seu estatuto como ser humano e, consequentemente, do sentido e da verdade que é capaz de reconhecer no mundo e em si mesmo.

Ian, por fim, dependia do apoio de um "ego auxiliar" que atestasse constantemente para ele que sua primeira infância tinha efetivamente existido, não sendo algo que havia apenas sonhado, mas, sim, parte integrante, verídica e fundante de sua história e, portanto, de sua identidade.

Tudo isso indica que as situações traumáticas que incidem sobre o campo do narcisismo primário produzem subjetividades que se sustentam, de muitas formas, no limite de suas percepções da realidade, tanto de si mesmas quanto do outro e do mundo, o que, em nosso entendimento, representa simplesmente as duas faces de um único fenômeno.

Quando tratamos das problemáticas narcísico-identitárias, aquelas em que o sentido e a verdade de si estão sempre em questão, há uma reciprocidade necessária entre a desconfiança que o sujeito vive sobre si mesmo e sobre o outro. Se me constituo como sujeito na exata medida em que passo a conceber a existência do outro como sujeito, o que corresponde ao processo descrito por Winnicott (1954) como o alcance de uma integração pessoal que ao mesmo tempo inaugura a capacidade para se preocupar, temos que a insegurança fundamental sobre a verdade de si próprio corresponde, necessariamente, a uma desconfiança de igual proporção sobre a verdade do outro, em cuja realidade poderei ou não me apoiar. Isso se apresenta como uma chave fundamental para a compreensão das modalidades de transferência que se estabelecem com pacientes nessa condição.

No caso de Bernardo, é muito claro que, do mesmo modo com que o garoto me incluía em seu universo, concedendo-me ali, por vezes, um lugar privilegiado – narrando para mim cenas de seu passado jamais compartilhadas com alguém, colocando-me dentro de sua casa e recorrendo a mim em momentos de pleno desespero – tratava-me, noutras situações, como um objeto cujo sentido e importância se perdiam drasticamente, ignorando minhas visitas e descartando minha presença como se, de uma hora para outra, eu sequer existisse.

Para João, apesar da importância notória que seu espaço de análise demonstrava ter para ele, minha função era a de estabelecer e *sustentar* um palco que permitisse encenar pela primeira vez as verdades terroríficas de seu passado e, como tal, eu deveria permitir que o terror jamais simbolizado começasse efetivamente a existir como parte de sua história, evitando, na medida do possível, que minha "pequena" subjetividade o atrapalhasse na condução desse trabalho. Nesse caso, eu me apresentava, de modo particularmente claro, como um *meio*, um mero *veículo* para o processo de simbolização de suas experiências, o que, em última análise, marcava minha posição como a de um objeto ainda a quilômetros de se constituir enquanto um sujeito propriamente dito perante o seu universo subjetivo.

Por fim, Ian era uma criança que, a cada sessão, lançava sobre mim as indagações mais diretas sobre a honestidade de minha presença ali e de minha preocupação com ele, comunicando, com isso, não somente a história do colo "frouxo" que o sustentara quando nasceu, mas, também, a absoluta insegurança que possuía sobre sua condição como "um de nós", alguém capaz de despertar no outro o amor e a ternura que só se podem produzir a partir de um processo genuíno de *identificação* e de reconhecimento mútuo.

Pelo percurso realizado em nosso trabalho, chegamos ao entendimento de que a ansiedade gerada por um ambiente primário demasiado frágil, frio e inconsistente, produzem no sujeito um temor de fragmentação que, novamente, refere-se tanto a si mesmo quanto ao objeto. Isso o predispõe à estruturação dos dois caráteres mais típicos das personalidades marcadas pelos sofrimentos narcísico-identitários, que tendem a se organizar e a coexistir no quadro de um dilema fundamental: a *submissão* e a *tirania*. Ambos definem, em verdade, tipos opostos e concomitantes de "soluções" que a personalidade cria para tentar resolver, com seus próprios recursos, o grave problema gerado por um objeto não confiável, diante do qual a dependência se mostra extremamente arriscada.

A tirania ocorre como uma exigência, ilusória é claro, de que o objeto funcione para mim na medida de minhas necessidades. Por meio dela, nego de modo psicótico que ele tenha sua autonomia, e creio poder garantir sua obediência a mim pelo temor que me vejo capaz de provocar, graças à dimensão fantasiosa que atribuo ao suposto poder de minha agressividade intrínseca. Já a submissão significa um tipo de pacto firmado consigo mesmo, pelo qual o sujeito acredita que, mediante a renúncia à sua liberdade e, em última instância, à propriedade de si mesmo, terá assegurada a presença e a posse do objeto.

Bernardo tratava-me, por vezes, como um objeto que deveria estar inteiramente à sua disposição, sem jamais questionar seus desígnios, o que se mostrava, entretanto, correlativo ao desespero de que era acometido caso eu me atrasasse quinze minutos para sua sessão. Esse último traço revelava nitidamente a impotência por detrás do autoritarismo que procurava ocultá-la. João, ao contrário, apresentava-se como uma criança bastante dócil e "tolerante" com minhas falhas, mas, principalmente, com o absoluto desrespeito de sua família para com suas necessidades emocionais. Diante destas, agia como se se tratasse de algo irrelevante, incapaz de afetá-lo. Não obstante, à menor "corda" que se desse para a expressão de suas fantasias, tal quadro dava rapidamente lugar à tirania cruel e sanguinária que se escondia por trás dessa superfície "boazinha" e condescendente. Ian, por sua vez, me exigia que lhe desse coisas, "mandava e desmandava" em mim, fato que, no entanto, perante o anúncio de minhas férias e a exposição de meu livre-arbítrio quanto ao atendimento a seus desejos, imediatamente desmascarava a fragilidade ligada à dependência que tanto o apavorava.

Em todos os casos, estamos diante de defesas contra o pavor da queda no abismo interno a que nos referimos páginas atrás, isto é, uma angústia de fragmentação e despersonalização gerada pela profunda insegurança a respeito da confiabilidade do objeto.

Ora, se, em minha origem, estive diante de um objeto de cuja verdade, presença e consistência não estou seguro, disso decorre que todas as representações que chegaram a mim por seu intermédio – minha existência como ser humano, a realidade dos objetos que compõem nosso universo compartilhado, sua própria existência como um outro real – passam a estar recobertas pela mesma ameaça de irrealidade, a qual é capaz de me acompanhar por toda uma vida.

Isso significa, mais uma vez, que a deficiência de que padecem tais sujeitos refere-se, mais do que tudo, à precariedade de suas condições para estar em relação, isto é, crer-se sujeito diante de um outro sujeito de quem se possa, enfim, estar em companhia.

Eis o que, hoje, me permite compreender a fala de um colega e grande amigo quando, certa vez, lhe disse acreditar que certos pacientes só teriam "alta" quando, um dia, pudéssemos ter com eles uma sessão equivalente a um papo de boteco. A isso, ele objetou: "quando absolutamente tudo está em questão – quem sou eu, quem é você, o que é a experiência humana – esse papo, a leveza de um simples encontro, não podem acontecer".

Referências

ANDRÉ, J. O objeto único. In: *Caderno de Psicanálise*, SPCRJ, Rio de Janeiro, v. 15, n. 18, 1999.

ARAÚJO, T. W. *Nas brechas do sistema:* uma leitura da obra do psicanalista Ronald Fairbairn. 2014. 203 f. Tese (doutorado em Psicologia) – Instituto de Psicologia, Universidade de São Paulo, São Paulo, 2014.

BALINT, M. As experiências técnicas de Sandor Ferenczi: perspectivas para uma evolução futura. In: FERENCZI, S. *Obras Completas, IV*. São Paulo: Martins Fontes, 1967/2011.

BION, W. R. Attacks on linking. *International Journal of Psycho-Analysis*, v. 40, p. 308-315, 1959.

BRABANT, E.; FALZEDER, E. (Ed.). *The correspondence of Sigmund Freud and Sandor Ferenczi, v. 3, 1920–1933*. Cambridge: Belknap, 2000.

BREUER, J.; FREUD, S. Preliminar Communication. In: _____. *The standard edition of the complete psychological works of Sigmund Freud*, v. II (1893-1895). Studies on hysteria. London: Hogarth Press, 1893/1957.

CANESIN DAL MOLIN, E. Fresh old news from Ferenczi about the function of dreams: The dream as a Kur, as a treatment and as a Gyógyászat. *International Journal of Psychoanalysis*, London, v. 93, p. 1175-1189, 2012.

CINTRA, E. M. U.; FIGUEIREDO, L. C. Lendo André Green: o trabalho do negativo e o paciente limite. In: CARDOSO, M. R. (Org.) *Limites*. São Paulo: Escuta, 2004.

DÉ; FREJAT; GUTO GOFFI. Pense e dance. Intérprete: Barão Vermelho. In: BARÃO VERMELHO. Carnaval. [S.I.]: WEA, 1988. 1 CD. Faixa 2. Disponível em: <https://www.vagalume.com.br/barao-vermelho/pense-e-dance.html>. Acesso em: 9 set. 2015.

FAIRBAIRN, W. D. R. Fatores esquizoides da personalidade. In: _____. *Estudos psicanalíticos da personalidade*. Rio de Janeiro: Interamericana, 1940/1980.

_____. Uma revisão da psicopatologia das psicoses e psiconeuroses. In: _____. *Estudos psicanalíticos da personalidade*. Rio de Janeiro: Interamericana, 1941/1980.

_____. Repressão e retorno dos objetos maus (com especial referência às "Neuroses de guerra"). In: _____. *Estudos psicanalíticos da personalidade*. Rio de Janeiro: Interamericana, 1943/1980.

_____. As Estruturas endopsíquicas consideradas em termos de relações de objeto. In: _____. *Estudos psicanalíticos da personalidade*. Rio de Janeiro: Interamericana, 1944/1980.

FERENCZI, S. A adaptação da família à criança. In: _____. *Obras Completas*, v. *IV*. São Paulo: Martins Fontes, 1928/2011.

_____. A criança mal acolhida e sua pulsão de morte. In: _____. *Obras Completas*, v. *IV*. São Paulo: Martins Fontes, 1929/2011.

_____. Análises de crianças com adultos. In: _____. *Obras Completas*, v. *IV*. São Paulo: Martins Fontes, 1931/2011.

_____. Confusão de língua entre os adultos e a criança. In: _____. *Obras Completas*, v. *IV*. São Paulo: Martins Fontes, 1933/2011.

_____. Reflexões sobre o trauma. In: _____. *Obras Completas*, v. *IV*. São Paulo: Martins Fontes, 1934/2011.

FERRO, A. *A psicanálise como literatura e terapia*. Rio de Janeiro: Imago, 2000.

FIGUEIREDO, L. C. Temporalidad y narratividad en los processos de subjetivación en la clínica psicoanalítica. In: ROVALETTI M. L. (Org.) *Temporalidad*: el problema del tiempo en el pensamiento actual. Buenos Aires: Lugar Editorial, 1998. p. 271-282.

_____. Intersubjetividade e mundo interno: o lugar do campo superegoico na teoria e na clínica. In: _____. *As diversas faces do cuidar*. Novos ensaios de psicanálise contemporânea. São Paulo: Escuta, 2009.

_____. A metapsicologia do cuidado. In: _____. *As diversas faces do cuidar*. Novos ensaios de psicanálise contemporânea. São Paulo: Escuta, 2009.

FREUD, S. Recordar, repetir e elaborar. In: _____. *Obras completas, v. 10* – "O Caso Schreber" e outros textos. São Paulo: Companhia das Letras, 1914/2010.

_____. Luto e melancolia. In: _____. *Obras Completas. v. 12*. Tradução de Paulo César de Souza. São Paulo: Companhia das Letras, 1917/2010.

_____. Alguns tipos de caráter encontrados na prática psicanalítica. In: _____. *Obras completas, v. 12* – Introdução ao narcisismo, ensaios de metapsicologia e outros textos. São Paulo: Companhia das Letras, 1916/2010.

_____. Além do princípio do prazer. In: _____. *Obras completas, v. 14* – História de uma neurose infantil ("O homem dos lobos"), Além do princípio do prazer e outros textos. São Paulo: Companhia das Letras, 1920/2010.

_____. Constructions in analysis In: _____. *The standard edition of the complete psychological works of Sigmund Freud. V. XXIII* – Moses an monoteism/An outline of psycho-analysis/Other works (1937-1939). London: Hogarth Press, 1937/1964.

GREEN, A. Um, outro, neutro: valores narcisistas do mesmo. In: _____. *Narcisismo de vida, narcisismo de morte*. São Paulo: Escuta, 1976/1988.

_____. A mãe morta. In: _____. *Narcisismo de vida narcisismo de morte*. São Paulo: Escuta, 1980/1988.

_____. *André Green e a Fundação Squiggle*. São Paulo: Roca, 2003.

_____. *On private madness*. London: The Hogarth Press, 1975/2005.

_____. *O trabalho do negativo*. Porto Alegre: Artmed, 2009.

HESSE, H. *Demian*. Rio de Janeiro: Record, 1925/1993.

KHAN, M. Distorções do ego, trauma cumulativo e o papel da reconstrução na situação analítica. In: _____. *Psicanálise*: teoria, técnica e casos clínicos. Rio de Janeiro: Francisco Alves, 1964/1977.

KLEIN, M. A contribution to the psychogenesis of manic-depressive states. In: _____. *Contributions to psycho-analysis*. London: Hogart Press, 1934/1948.

KOHUT, H. *The restoration of the self*. New York: International University Press, 1977.

LAPLANCHE, J. *Teoria da sedução generalizada e outros ensaios*. Porto Alegre: Artmed, 1988.

MADUENHO, A. *Nos limites da transferência*: dimensões do intransferível para a psicanálise contemporânea. 2010. 190 f. Tese (doutorado em Psicologia) – Instituto de Psicologia, Universidade de São Paulo, São Paulo, 2010.

PESSOA, F. A Tabacaria. In: _____. *Obra poética, v. único*. São Paulo: José Aguilar, 1928/1969.

PIRES, L. *Do silêncio ao eco*: autismo e clínica psicanalítica. São Paulo: Edusp, 2007.

ROUSSILLON, R. *Paradoxos e situações limites da psicanálise*. São Leopoldo: Unisinos, 2006.

_____. Primary trauma, splitting, and non-symbolic primary binding. In: _____. *Primitive agony and symbolization*. London: Karnac Books, 2011.

_____. Destructiveness and complex forms of the "survival" of the object. In: _____. *Primitive agony and symbolization*. London: Karnac Books, 2011.

_____. The symbolizing function of the object. In: _____. *Primitive agony and symbolization*. London: Karnac Books, 2011.

_____. Teoria da simbolização: a simbolização primária. In: FIGUEIREDO, L. C.; SAVIETTO, B. B.; SOUZA, O. (Org.). *Elasticidade e limite na clínica contemporânea*. São Paulo: Escuta, 2013.

_____. Comentários de René Roussillon. In: FIGUEIREDO, L. C.; SAVIETTO, B. B.; SOUZA, O. (Org.). *Elasticidade e limite na clínica contemporânea*. São Paulo: Escuta, 2013.

_____. The function of the object in the binding and unbinding of the drives. *International Journal of Psychoanalysis*, London, v. 94, p. 257-276, 2013.

RUSSO, R. Índios. Intérprete: Legião Urbana. In: LEGIÃO URBANA. Dois. [S.I.]: EMI, 1986. 1 CD. Faixa 12. Disponível em: <https://www.vagalume.com.br/legiao-urbana/indios.html>. Acesso em: 9 set. 2015.

SCHOR, D. *Da onipotência ao universo dos possíveis:* aspectos da travessia humana em Winnicott e Piaget. Dissertação (mestrado em Psicologia) – Instituto de Psicologia, Universidade de São Paulo, São Paulo, 2009.

SEARLES, H. O esquizofrênico e sua experiência singular do mundo. *Revista Percurso*, São Paulo, v. 1, n. 24, p. 5-17, 1966/2000.

STRACHEY, J. Editor's introduction. In: BREUER, J; FREUD, S. *The standard edition of the complete psychological works of Sigmund Freud. V II (1893-1895)*. Studies on hysteria. London: Hogarth Press, 1955/1957.

WINNICOTT, D. W. The observation of infants in a set situation. In: _____. *Through paediatrics to psychoanalysis* – Collected papers. London: Karnac Books and the Institute of Psycho-Analysis, 1941/1992.

_____. Primitive emotional development. In: _____. *Through paediatrics to psychoanalysis* – Collected papers. London: Karnac Books and the Institute of Psycho-Analysis, 1945/1992.

_____. Reparation in respect of mother's organized defense against depression. In: _____. *Through paediatrics to psychoanalysis* – Collected papers. London: Karnac Books and the Institute of Psycho-Analysis, 1948/1992.

_____. Transitional objects and transitional phenomena. In: _____. *Playing and reality*. London: Routledge, 1953/1994.

_____. The depressive position in normal emotional development. In: _____. *Through paediatrics to psychoanalysis* – Collected papers. London: Karnac Books and the Institute of Psycho-Analysis, 1954/1992.

_____. The capacity to be alone. In: _____. *The maturational processes and the facilitating environment*. Studies in the theory of emotional development. London: Karnac Books and the Institute of Psycho-Analysis, 1958/1990.

_____. Ego distortion in terms of true and false self. In: _____. *The maturational processes and the facilitating environment*. Studies in the theory of emotional development. London: Karnac Books and the Institute of Psycho-Analysis, 1960/1990.

_____. O medo do colapso (*breakdown*). In: _____. *Explorações psicanalíticas*. Porto Alegre: Artes Médicas, 1963/1994.

_____. The location of cultural experience. In: _____. *Playing and reality*. London: Routledge, 1967/1994.

_____. The place where we live. In: _____. *Playing and reality*. London: Routledge, 1967/1994.